Der verborgene Christus von Pretzien

Vom Finden, Freilegen, Bewahren und Verkünden
Anna-Maria und Rüdiger Meussling erzählen von der Rettung der St. Thomas Kirche

ANNA-MARIA & RÜDIGER MEUSSLING

Der verborgene Christus von Pretzien

Vom Finden, Freilegen, Bewahren und Verkünden

Anna-Maria und Rüdiger Meussling erzählen von der Rettung der St. Thomas Kirche

IMPRESSUM

1. Auflage 2010

Autoren: Anna-Maria und Rüdiger Meussling
  Plötzky
  Magdeburger Straße 21
  39217 Schönebeck (Elbe)
Buchtitel: Der verborgene Christus von Pretzien
Gestaltung: CTSMedia-Agentur Thomas Scheid - Pretzien
Druck: Grafisches Centrum Cuno GmbH & Co. KG - Calbe

© 2010. Alle Rechte vorbehalten!

ISBN 978-3-00-032009-5

INHALTSVERZEICHNIS

VORWORT	7
KLEINE LEGENDE	8

1. KAPITEL — Was zog uns hierher?

· Umzug nach Plötzky M	9
· Anfang in drei Gemeinden und drei alten Kirchen M	10
· Heißer Sommer M	18
· Genau sehen in St. Thomas Pretzien M	22
· Das Finden M	23
· Erste Überlegungen R	30

2. KAPITEL — Viele Überraschungen

· Alles ändert sich - das Jahr 1974 M	32
· Das durfte nie passieren M	33
· Die weiteren Arbeiten R	36
· Wie wichtig ? M	38
· Der Boden gibt Geheimnisse preis M	39
· Der Taufstein M	43
· Experimente M	49
· Vater Kersten R	51
· Im Pfarrhaus M	52
· Baustopp M	53
· Pretzien im Fernsehen M	54

3. KAPITEL — Endlich Land in Sicht

· Fußboden und Mensa M	63
· Lockt vielleicht Musik? R	64
· 1976 - das intensive Jahr M	64
· Die Turmsicherung R	66
· Das heilige Grab M	70
· Alles zur gleichen Zeit M	71
· Genehmigung am Taufstein M	75
· Der Anbau wird vorbereitet M	75
· Die Fensterrahmen R	76

4. KAPITEL — Arbeit bis zur Grenze

· Ruhiger Winter 1977 M	78
· Grundsteinlegung für die Kapelle M	78
· Mauersteine für den Anbau R	81
· Ringanker und Dachstuhl R	82
· Öffnung der Nordtür im Jahr 1978 M	83
· Ärger an Wand und Decke M	86

INHALTSVERZEICHNIS

	· Trip nach Prag M	87
	· Retuscheproben M	93
	· Krank M	93
	· Die zweite Dachreparatur R	94
	· Not am Mann R	95
	· Und nun endlich ohne Dachschaden R	96
	· Die besondere Pappe R	99
	· Der Kirchturm R	100
	· Was machen Sie denn beruflich? R	102
	· Das große Umwelttreffen R	102
	· Das Himmlische Jerusalem M	106
5. KAPITEL	Die Kirche muss benutzt werden	
	· Pretziener Musiksommer M	110
	· Das Gästebuch M	110
	· Wo ist Kuh? M	111
	· Hilfe, kein Instrument M	113
	· Der singende Pater Thomas M	114
	· Taube, Schwalbe, Nachtigall und Kuckuck M	115
	· Besondere Sommermusiken R	115
	· Weitere Kunst in Pretzien M	120
	· Plakate und Einladungen M	121
	· St. Thomas-Kirche in der „Strasse der Romanik" M	121
	· Die neuen Glocken R	128
	· Partnerschaftliche Hilfe R+M	130
6. KAPITAL	Die romanischen Malereien	
	· Wann werden die Malereien endlich restauriert? M	131
	· Die Apsis als Krönung des heiligen Raumes M	131
	· Der Hohe Chor M	136
	· Der Triumphbogen M	137
	· Lest die Bibel! M	142
	· Zwei Seelenwaagen M	148
	· Scheinwerfer auf dem Kreuz? M	152
	· Gott schreibt auch auf krummen Wegen gerade! R	154
	· Danke	159
ANNA-MARIA MEUSSLING		160
RÜDIGER MEUSSLING		161
FOTONACHWEIS		162

VORWORT

In Christus liegen verborgen alle Schätze der Weisheit und der Erkenntnis.
Kolosser 2,3

Die St. Thomas-Kirche in Pretzien sitzt seit Jahrhunderten wie eine Glucke über dem Dorf und behütet es. Lange war diese Kirche aus dem Bewusstsein der Bewohner verschwunden. Der Kirchplatz diente nicht mehr als Friedhof. Eine Scheune und viel Knöterich verdeckten den Eingang zur Kirche.

Das ist nun nicht mehr so. Viele Menschen kommen von weit her, um die Kirche und ihre schönen Wandmalereien anzusehen.

Seit Jahren werden wir von Freunden und den vielen Besuchern gedrängelt, wir sollen doch aufschreiben, wie es zur Rettung der Pretziener Kirche von 1973 an unter den schwierigen DDR-Verhältnissen kam.

Es ist ungemein kompliziert, das heute noch einigermaßen im Ablauf zu schildern, da in unseren Kalendern Familientermine, Gemeindearbeit und Arbeit in der Kirche Pretzien zusammen stehen. Nur einigermaßen ließ sich alles rekonstruieren.

Vor allem haben wir beide die Belastungen damit immer noch nicht ganz verarbeitet. Manches tut heute noch weh, sie werden lesen, weshalb.

Wir schreiben beide an dieser langen Geschichte, denn wir haben eine unterschiedliche Sicht auf die Ereignisse.

Wir schreiben darum nach der Überschrift für jeden Text ein R oder M - Rüdiger oder Maria.

KLEINE LEGENDE

Mit dem Kürzel I.F.D. Halle ist das damalige Institut für Denkmalpflege der DDR in Halle gemeint, es war zuständig für unseren Bezirk Magdeburg.

Das Konsistorium in Magdeburg war bis vor kurzem nur für die Kirchenprovinz Sachsen zuständig, das heutige Sachsen-Anhalt, Teile von Sachsen und Teile Thüringens.

Die Evangelische Kirche der Union in Berlin hatte Kompetenzen im gesamten DDR-Bereich.

Der "Kulturbund der DDR" war ein schon 1949 gegründeter Zusammenschluss verschiedenster Kulturinteressierter in verschiedenen Bereichen möglichst ohne Parteikontrolle.

Unter "Horch und Guck" verstanden wir die Mitarbeiter der Staatssicherheit.

Unsere damalig angelegten Akten sahen wir nur noch in Säcken geschreddert.

1. KAPITEL

Was zog uns hierher?

Umzug nach Plötzky M

Mein Mann Rüdiger hatte nach seinem Studium zehn Jahre seit 1963 als evangelischer Pfarrer in der Altmark, 13 km nördlich von Stendal, vier Dörfer zu betreuen: Baben, Beelitz, Rindtorf und Lindtorf. Wir wohnten in Baben. Jedes dieser Dörfer hat eine romanische Feldstein-Kirche. In den zehn Jahren gab es ein reges Gemeindeleben in allen Orten: Frauenkreise, extra Bibelkreise, Jugend- und Konfirmandenarbeit mit regelmäßigen Treffen, Männerarbeit sogar, dazu Christenlehre, alles bei uns im Gemeinderaum im Nebenhaus, natürlich jeden Sonntag Gottesdienste in fast allen Orten. Die Kirchensteuer war direkt einzuziehen, Kirchenzeitung selbst auszutragen. Wir hatten reichlich zu tun, vor allem mein Mann. Und das alles ohne Auto. Er fuhr meist mit dem Rad, später mit einem alten Moped.

Ich brachte nacheinander drei Kinder zur Welt und lernte den Haushalt zu führen, mußte aber auch oft genug mit aushelfen, z. B. habe ich mehrere Jahre unentgeltlich Christenlehre unterrichtet. Wir wohnten in einem sehr desolaten alten Pfarrhaus, das auch noch eines Tages zur Gartenseite hin teilweise einstürzte. So begann das zweite Leben des Pfarrers Rüdiger M.: Es musste gebaut werden.

Alle Kirchen waren in schlimmem Zustand. Der Vorgänger hatte seine Gemeinden und alle Gebäude nicht allzu gut hinterlassen.
Viele Bauern waren auf Grund der Zwangs-LPG-sierung schlimm unter Druck geraten und in den Westen verschwunden. Nur die Alten waren noch hier.
So blieb uns nichts anderes übrig, als in Kirche und Pfarrhaus selbst Hand anzulegen. Geld war wenig vorhanden, die wenigen verbliebenen Bauern waren dem jungen Pfarrer gegenüber anfangs misstrauisch.

Mein Mann renovierte, manchmal mit Jugendlichen, den Gemeinderaum in Baben, dann den in Lindtorf. Später mußte die Kirche in Beelitz umfangreich renoviert werden, mein Mann saß mit auf dem Dach und nahm Schiefer ab, ganz alleine. Ich restaurierte später den barocken Altarprospekt, Geld war dafür nicht da. Wände, Emporen und Bänke strich ein guter Maler.

1971 fand ein Lager der Aktion Sühnezeichen bei uns statt. 20 Jugendliche halfen 14 Tage lang bei der Renovierung der Babener Kirche. Sie schliefen alle im Pfarrhaus, aber komplette Betreuung und teils auch Verpflegung mussten wir beide absichern.
Die Renovierung der Kirche machte noch jede Menge Probleme.
Später konservierte ich den schönen barocken Kanzelaltar in der Babener Kirche, die Fassung habe ich vorsichtig gesichert und ergänzt, wieder alles kostenlos, denn Geld war nicht da.
Es folgte eine wunderbare Einweihung mit Festgottesdienst und großem Kirchenfest auf dem Pfarrhof.
1972 wurde dann endlich das Pfarrhaus von einer Maurerfirma repariert, anschließend malerten wir beide es komplett allein, aber es wurde uns trotzdem nicht lieber. Wir fühlten uns dort mit der vielen Arbeit sehr allein gelassen. Ich hatte einen schweren Nervenzusammenbruch, Rüdiger reagierte mit einer heftigen Gürtelrose. Der Superintendent glaubte ihm das nicht, und befahl ihm, weiter zu arbeiten. Wir waren mit den Kräften am Ende.
Einige unserer Jugendlichen heirateten, Rüdiger hatte viele Trauungen. Die Paare zogen dann weg nach Stendal. In Arneburg wurde gerade das Atomkraftwerk gebaut. Es gab dort Arbeit und viele günstige Wohnungen für die notwendigen

1. KAPITEL

Arbeiter entstanden in Stendal-Stadtsee. Unser Dorf wurde leer.

So beschlossen wir uns nach zehn Jahren harter Arbeit eine andere Stelle zu suchen. Das Konsistorium empfahl das sowieso nach diesem Zeitraum. Als schon fest stand, dass wir nach Plötzky ziehen würden, baten uns die Gemeindeglieder von Rindtorf, doch noch ihre romanische Kirche zu renovieren. Es gab in Rindtorf nur 100 Einwohner und die halfen tüchtig mit bei allem.
Dort war kein Bauer verzogen, so war die kirchliche Situation im Ort sehr gut und ist es bis heute geblieben.
In der Kirche gab es für mich ein kleines Holzepitaph von den adligen Herren von Rindtorf zu restaurieren.
Da hatte sich aus dem Westen ein Herr Rindtorf angefunden. Er war nicht adlig, aber er kam mit seinen drei Söhnen dann zur Einweihung im März 1973, spendierte den Kaffee und feierte mit. Dafür stellte sogar ein Einwohner sein gerade gebautes Haus gegenüber der Kirche zur Verfügung.
Es wurde ein köstliches Fest, zu dem fast alle Einwohner erschienen.

Anfang in drei Gemeinden und drei alten Kirchen M

Drei Tage später zogen wir nach Plötzky, etwa 18 km östlich von Magdeburg, zwischen Gommern und Schönebeck gelegen, in das wiederum sehr alte Pfarrhaus.
Die Gemeinden hatten mein Mann und ich wegen der wirklich wunderschönen Umgebung mit dem riesigen Urlaubergebiet, den vielen tiefen Seen und der alten Kirchen ausgesucht.
Urlaub hatten wir mal in einem kirchlichen Bungalow am Heinrichstalsee machen können, sind dabei viel mit den Kindern gewandert. Vor allem aber konnten wir in vielen Seen herrlich baden, was wir bis heute praktizieren.

In den Herbstferien davor, während meine Schwiegermutter unsere Kinder versorgte, waren wir im leeren Plötzkyer Pfarrhaus tätig und bereiteten ein Zimmer für die drei Kinder vor.
Denn auch dieses Pfarrhaus war schwierig. Es gab kein Bad oder Dusche. In der Kammer stand eine Badewanne, die mit Eimern zu füllen war. Die Toilette war hinten im Stall, ein Doppel-Plumsklo! Der Vorgänger hatte sehr bescheiden gelebt.
In der Küche sorgte eine Handpumpe für Wasser, wenn der Brunnen etwas hergab, der war in dem Jahr der Pfarrervakanz versiegt. Aber es gab noch eine Waschküche im Stall. So gab es im ersten Jahr immer samstags einen Badetag da draußen, wo ich das Wasser im Kessel anheizte. Den Brunnen hatte uns die Feuerwehr ausgepumpt und der Schmied die Pumpe repariert, nun gab es wieder Wasser.
Schlimmer war es mit den Öfen im ganzen Haus: Es funktionierte nur der grüne Kachelofen im Amtszimmer, alle anderen waren uralt und defekt. Im Gemeinderaum sollte ein großer weißer Kachelofen mit Hakenkreuzmuster am oberen Rand für Wärme sorgen. Einer der Ältesten, der rundliche Kurt, lehnte sich einmal an, da fiel der Ofen in sich zusammen. So musste rundum erneuert und gebaut werden.
Mein Mann kümmerte sich um seine Gemeinden, da gab es viel nachzuholen, es war ja lange kein Pfarrer zuständig gewesen. Die Gemeindemitglieder kamen gerne und begegneten uns

Innenrenovierung der Kirche in Baben mit vielen Helfern 1971

Hochzeit R. Voigt 1972

Herzliche Einladung zum Einweihungsgottesdienst der Kirche zu Rindtorf am 11.3.73 um 14:00

Predigt Superintendent Alberts
Posaunenchor unter KMD Schlenker
und Pastor Meußling

(letzter Gottesdienst)

Einweihung der Kirche in Rindtorf

Links: Der restaurierte Barockaltar Rindtorf

Rechts: Kirche in Lindtorf

Kirche in Beelitz (Altmark) nach der Dacherneuerung und Innenrestaurierung 1970

1. KAPITEL

freundlich. Sie waren dankbar, Gottes Wort wieder regelmäßig zu hören. Es gab in allen drei Orten rege evangelische Frauenkreise, große Gruppen in der Christenlehre und entsprechend starke Konfirmandengruppen.

Der Vorgänger Pfarrer Berger hatte uns 1972 bei unserem Urlaub im Kirchenbungalow am Heinrichstalsee bei Gommern besucht und ganz liebevoll zum Kaffee eingeladen. Dabei hatte er uns seine Gemeinden empfohlen, da er in den Ruhestand ging. Damals meinte er bei einer Besichtigung der romanischen **Plötzkyer** Kirche: "Die ist schon immer so dunkel, nass und kalt. Da kann man wohl nichts machen."

Mein Mann ließ nun erst mal eine Stromleitung vom Haus zur Kirche legen und Lampen in der Kirche anbringen. So wurde es hell darin.

Die Kirche in Plötzky ist ein romanischer Bau, stark barock verändert und mit einem nachbarocken, sehr einfachen, Kanzelaltaraufbau versehen. Nach dem Krieg hatte man hinter der Kirche viel Schutt abgeladen, dadurch waren die rückseitige Mauer und der Fußboden pitschnass. Der Schutt konnte erst später beseitigt werden, um die Kirche trocknen zu lassen.

Wir schauten uns die kleine Kirche in **Ranies** an, etwa sechs Kilometer entfernt, eine zierliche Fachwerkkirche. Sie ist um 1600 aus den Resten einer ehemaligen Burg erbaut und innen 1629 ausgemalt worden. Auch diese Kirche hatte erhebliche Dachschäden und viel Baubedarf. Aber sie ist ein Kleinod und hat uns sofort begeistert. Sie ist innen fast überall bemalt, alle Emporen, die Decke, viele Sitzrückwände. Es sind Evangelistenbilder und Geschichten aus dem Alten Testament dargestellt. Schöffensitz und Äbtissinnensitz sollen noch aus der Kirche des früheren Plötzkyer Zisterzienser-Nonnen-Klosters stammen, das um 1725 abgerissen wurde.

Leider stand unter den sehr schönen alten Decken- und Emporenmalereien, die nur in Kalkfarbe ausgeführt sind, ein großer Kohlenofen, der auch entsprechend eingeheizt wurde bei den Wintergottesdiensten. Man konnte zusehen, wie die Schollen der alten Kalk-Malereien von der Decke fielen. Mein Mann ließ den Ofen bald entfernen und baute mit Ältesten aus dem angesetzten Raum hinter dem Altar einen Gemeinderaum aus. Wir haben viele schöne Gottesdienste und Frauenabende dort gefeiert.

Bei Rüdigers erstem Gottesdienst in der **Ranieser** St. Lucas-Kirche half Gott ganz intensiv. Die Kirche war voll, die Leute wollten ihren neuen Pfarrer kennenlernen. Eine schlimme Gewitterwand zog heran. Es begann zu gießen. Mitten im Gottesdienst begann direkt über der Darstellung des Apostels Lukas das Regenwasser durch die Malereien herunter zu laufen. Rüdiger wurde ganz nervös, drückte mir auf einmal seine Agende und dann den Talar in die Hand, stieg hinten über eine alte Treppe auf den Kirchenboden, steckte einige dort liegende Dachsteine auf die Latten in die Löcher des Daches. Es hörte sofort auf, an dieser Stelle durchzulaufen. Er kam wieder herunter und hielt seinen Gottesdienst weiter. In der Kirche war absolute Stille, alle waren sehr betroffen und senkten den Kopf. Einige fühlten sich angesprochen und halfen im Sommer gerne mit, von der alten Plötzkyer Ziegelei Dachsteine zu gewinnen und das Ranieser Kirchendach neu mit Latten und alten Steinen zu decken.

Holz für Dachlatten bekamen wir über den Kirchenforst. Im Sägewerk in Gommern wurden die Latten „schwarz" geschnitten.

Die nur zwei Kilometer entfernte **Pretziener St. Thomas-Kirche** war ganz abgeschrieben, sie

Das alte Plötzkyer Pfarrhaus 1851 erbaut

Links: Innenansicht der Kirche Plötzky um 1950

Rechts: Kirche Plötzky um 1980

Dacheindeckung der Kirche Ranies mit freiwilligen Helfern im Jahre 1973

Oben: Darstellung des Heiligen Lucas von 1629 an der Nordseite der Decke

Links unten: Kirche nach der Neueindeckung 1995

Rechts unten: Die Decke und die Emporen wurden 1629 während des dreißigjährigen Krieges von zwei Männern bemalt. Da man die Orgel nicht sieht, wurde der Prospekt auf die Empore gemalt.

1. KAPITEL

war bereits 1971 von einer Kommission des Evangelischen Kirchenkreises offiziell aufgegeben und später dann auch von der staatlichen Denkmalliste des Bezirkes gestrichen worden.
Benutzt wurde sie aber manchmal schon noch.
Die Kirche hatte zwar noch die feine romanische Staffelung in Apsis, Chor, Hauptschiff und Turm. Durch die im Barock vergrößerten, langgezogenen, jetzt kaputten Fenster und den später hoch aufgesetzten Fachwerkturm, dem Gefache fehlten, wirkte das Gebäude in diesem Zustand und mit dem mit Bäumen und Sträuchern völlig zugewachsenen Umfeld vernachlässigt.
Das Dach hatte starke Schäden, die durch den letzten Wintersturm großflächig geworden waren.
Innen sah die Kirche traurig aus: auf den Emporen lagen Schilf und Putzstücke, die von der herabhängenden Decke gefallen waren, oben war alles schmutzig und lange nicht benutzt.
Die Kirche selbst hielt der Kirchendiener einigermaßen sauber.
Zwei große Öfen unter den Emporen sollten bei Bedarf die Kirche wärmen, aber die Rohre hatten die Emporen angeschmort. Die ganze Kirche war grau verrußt.
Der Kirchendiener in Pretzien war gar kein Kirchenmitglied, aber er half doch mit sauber zu machen, damit Gottesdienste stattfinden konnten. Zu Pfingsten waren dann eine ganze Schar Christen erschienen, so gab es also doch eine Gemeinde und Bedarf für eine Kirche hier!
Es waren einige Frauen von der Evangelischen Frauenhilfe da und Kinder, aber auch einige Urlauber aus den rund um den Ort vorhandenen Bungalows.
Das machte uns Mut, doch erst mal für Sauberkeit und Ordnung zu sorgen.

Durch den Orgelrevisor Georg Schultze, der für Studenten der Kirchenmusik Orgeln suchte, um sie mit ihnen in Ordnung zu bringen, ließ mein Mann die Pretziener Orgel kontrollieren, aber da winkte der ab: "Sie ist nicht mehr zu retten!" Sie war wirklich in schlimmem Zustand. Er versuchte noch ein paar Tage lang eine Reparatur, aber gab dann auf. Alle Teile waren rettungslos zerborsten, viele Pfeifen aufgeplatzt durch Feuchtigkeit, vieles zerbrochen, der Holzwurm hatte ganze Arbeit geleistet.
So kamen die Studenten dann in die Plötzkyer Kirche, reparierten dort umfangreich diese Orgel und spielten sie bei einem Abschlußkonzert für die Plötzkyer Kirchengemeinde.

Heißer Sommer   M

Ach, dieser Sommer 1973, den werde ich wohl nie vergessen:
Viel Besuch war bei uns, Rüdigers Bruder Olaf mit Familie und Rüdigers Mutter. Sie wollten unser Pfarrhaus sehen. Kurz kamen meine Eltern, dann erschien die Familie Rindtorf aus dem Westen für drei Wochen mit drei pupertierenden Söhnen. Sie wollten unbedingt mal im Osten Urlaub machen. Und das bei unseren schwierigen sozialen und finanziellen Verhältnissen im Haus.
Es ging alles irgendwie. Ich brachte sie in den ganz einfachen vier Bodenkammern unter. Aber der Familienvater Hanjo erwies sich als echtes Talent. Er reparierte draußen das alte Plumsklo und strich alles mit Kalk und Farbe. Er merkte, dass uns im Keller Regale fehlten. Nun gab es ja bei uns keinen Baumarkt oder so etwas. Aber ein paar Dachlatten hatten wir liegen.

1. KAPITEL

Familie Meussling mit den Kindern Hanna, Frithjof und Gesa

Er hat mit großem Geschick ein tolles Regal für das Eingemachte im Keller gebaut.
Seine Familie hingegen lag uns sehr auf der Tasche. Am liebsten wollten sie täglich die leckeren Broiler essen, aber das konnten wir uns nicht leisten. In Baben hatten sie schon vorher gesehen, dass wir einfach und möglichst aus dem Garten lebten. Auch den großen Plötzkyer Garten haben wir von Anfang an wieder fast komplett bewirtschaftet. Der Verdienst meines Mannes war mit 602,- Mark der DDR mehr als dürftig. Da brauchten wir Obst und Gemüse dringend für uns.
Das Ehepaar Rindtorf hatte günstige Billigkäufe an Bettwäsche und Handtüchern gemacht, die sie uns mitbrachten. Wir freuten uns wirklich sehr darüber. Aber ansonsten prallten da verschiedene Welten aufeinander.
In diesen drei Wochen im Juli machten wir fünfhundert DDR-Mark Schulden, das war für uns sehr schlimm, aber es ging nicht anders. Immer hatten wir ein offenes gastliches Haus.

In der Zeit waren wir häufig auf dem Pretziener Kirchhof. Mein Mann hatte nämlich im Turmraum der Kirche in der kleinen Kammer einige Ersatzdachsteine der sehr seltenen Deckung, Mönch-Nonne-Steine, gefunden. Wir betrachteten das als direkten Fingerzeig Gottes, etwas für diese Kirche zu tun!
Außerdem hatte mein Mann von der Versicherung eine Zusage, dass sie die Dachreparatur, dem letzten Sturm sei Dank, für das Kirchendach übernehmen würden. Aber die Dachdecker kamen gar nicht an die Kirche heran, um ein Gerüst zu stellen.
Die Kirche war vollkommen eingewachsen mit Bäumen und Fliedergebüsch, überall standen noch Grabsteine dazwischen, was sollte nun werden? Es gab nur den einen Weg vom Friedhofsportal zum Eingang der Kirche, der Rest war vollkommen zugewachsen, Kinder krochen da freilich durch.
Die Pretziener Einwohner aber hatten noch nie die Rückseite ihrer Kirche gesehen - der Friedhof um die Kirche war schon vor 1870 aufgegeben worden.
Da war es wieder Hanjo Rindtorf, der uns half, nun auch mit seinen Söhnen. Viele Jugendliche aus Pretzien, Kinder sogar, kamen, um zuzupacken. Ein Forstarbeiter wurde uns samt Kettensäge vom Förster zur Seite gestellt. Die Großen brachten Äxte mit und legten los. So wurde ein erster Streifen um die Kirche herum vom Gestrüpp und den Steinen befreit. Die Kinder zogen das Gestrüpp auf eine freie Fläche für das nächste Herbstfeuer. Die Dachdecker konnten ein Gerüst aufstellen und arbeiten. Es begann!

Der stark vernachlässigte Zustand der Kirche Pretzien in den sechziger Jahren

August 1973 - Der erste große Einsatz mit vielen Helfern zeigt den miserablen Zustand der Kirche

Links: Apsisfenster, Originalverglasung oben, mittig und unten Nachkriegsverglasung

Rechts: Arbeitsbesprechung

1. KAPITEL

Genau sehen in St. Thomas Pretzien   M

Im Juni hatte mein Mann im Institut für Denkmalpflege in Halle den Kunsthistoriker Dr. Merker angerufen und um Beratung für die geplanten Aufgaben gebeten. Ab 4. August wurde in Ranies schon mit Helfern das Kirchendach repariert. Nun wollten wir in Pretzien Rat haben.

Ich hatte nämlich ein Buch im Archiv gefunden, den sogenannten „Thorschmidt". Pfarrer Justus Christianus Thorschmidt, der von 1721- 1725 in den Gemeinden tätig war, hatte dieses Buch geschrieben und ganz liebevoll, aber sehr genau den Zustand seiner drei Kirchen, damals Plötzky, Pretzien und Elbenau, beschrieben.
Er spricht von der Kirche Pretzien als Auftragskirche Albrechts des Bären und datiert sie auf 1140/50.
Da war ich hellhörig. Hatten wir doch in der Altmark schon vier romanische Kirchen betreut und in jeder spärliche Reste an Wandmalereien aus der Romanik gefunden.

Und mir war in der Kirche Pretzien der ehemalige romanische Bauzustand, die feine Staffelung von Apsis, Hohem Chor, Kirchenschiff und Querwestturm aufgefallen.
Zwar war der Eindruck stark verändert durch die vergrößerten Fenster und alle Einbauten. Es gab aber an den Innenwänden noch großflächig recht gut erhaltenen alten Putz mit dicken Kalkschichten darüber.
Das brachte mich auf die Frage: Könnten dort ebenfalls Malereien versteckt sein?
Bei dem Beratungsgespräch, zu dem mehrere Fachleute vom I.f.D. aus Halle anreisten, äußerte ich meine Gedanken und erwartete Bestätigung.
Sie lachten mich aus, doch nicht in einer Dorfkirche, das war für die Herren nicht zu erkennen.
Und außerdem sagte einer der Herren:
„Diese Kirche steht schon lange nicht mehr auf der Denkmalliste, da können wir ihnen nicht helfen, machen sie, was sie wollen". Das war es und wir hatten uns mindestens Beratung und Aussicht auf Finanzen erhofft!
Am anderen Tag hatte ich etwas Zeit am Vormittag. Unsere Jüngste war zum Vorschulunterricht, wurde im September dann eingeschult, die beiden Großen, neun und acht Jahre alt, besuchten die Schule und mein Mann hatte in Magdeburg zu tun. Nun fuhr ich mit dem Rad die zwei Kilometer nach Pretzien in die Kirche.
Endlich war mal Gelegenheit, alles allein und genau anzusehen.
Ich besah mir alle Wände gründlich und stieg hinter dem Kanzelaltar die Treppe hinauf, klopfte hier und da vorsichtig am Putz. Da waren ungeheuer viele Schichten übereinander.

Zuletzt war die Apsis mit dem für die Zeit um 1900 typischen Waschblau bemalt und mit Goldsternchen verziert worden, was aber alles schon blätterte. Viele Putzteile waren locker, ganz schlimm war es über den Bögen der drei Rundfenster in der Apsis, dort waren riesige Risse im Mauerwerk. Steine waren runtergerutscht, es war Vorsicht geboten. Aber in der Wölbung darüber musste ich nachsehen, da könnte am ehesten noch Malerei vorhanden sein.
Mit dem Skalpell hob ich sorgsam Schicht für Schicht ab: Leimschicht, Kalkschicht, jede Schicht konnte man genau trennen. Ich zählte sechs bis acht Schichten und dann zeigten sich auf dem sehr glatten Grund der untersten Schicht rote Linien: Falten eines Gewandes, ein Kleid, eine Figur.
Da wurde es wirklich spannend. Ich beschloss, mich an der Figur nach oben zu arbeiten, vergaß Raum und Zeit und arbeitete einen schmalen Bereich frei. Es mußte doch ein Kopf kommen! Die Figur schien sehr groß zu sein. Und langsam kam

1. KAPITEL

ein strenges Gesicht heraus mit Krone, also ein König?

Ich hatte völlig die Zeit vergessen, ich mußte nach Hause fahren, die Familie wartete. Wie war ich aufgeregt! Ich hatte doch Wandmalereien gefunden!

Mein Mann kam erst spät an dem Tag heim. Da mußte ich ihm alles erzählen. Wir fuhren mit dem Auto noch einmal nach Pretzien hinüber und schauten mit der Taschenlampe im Altarraum der Kirche alles an.

Ich hatte zu Hause schon in der Fachliteratur nach einer bestimmten Form der Falte gesucht und konnte die gefundenen Malereien nun mutig auf etwa 1220 - 1230 bestimmen. Unsere Herzen schlugen stark, denn es war uns ziemlich klar: Malereien aus dieser Zeit waren selten und kostbar.

Nun sollte in dieser Kirche mehr passieren als sie sauber zu machen.

Stolz berichtete mein Mann in den nächsten Tagen am Telefon Dr. Merker im I.f.D.in Halle von unserem Fund.

Na, ja. Sie würden bald jemand schicken, der sich das bisschen ansehen sollte.

Das Finden   M

Unsere Jüngste wurde eingeschult, es kamen für mich ruhige Vormittage. Täglich fuhr ich mit dem Rad nach Pretzien und legte in der Apsiswölbung die alte Malerei frei. Deutlich konnte ich verschiedene Schichten ausmachen und ohne Probleme die originale Schicht mit dem Skalpell befreien.

Da ich als Restaurator zwar viel Erfahrung im Freilegen von Ölfarben hatte, aber noch nie an der Wand arbeiten konnte, blieb ich zurückhaltend und legte nur die Grundschicht frei ohne etwa den übrigen Kalk oder Schmutz zu entfernen, das sollte ein Wandmalereifachmann machen.

Ich erkannte feine Höhungen im Gesicht dieser großen Figur, feinste Farben als Lasuren, Gewänder und Krone trugen Goldreste.

Nun sah ich auch, dass diese Figur Maria darstellte mit einem eher herben als strengen Gesicht, Maria mit hoher fast kaiserlicher Krone, mit offenen blonden Locken, darüber ein weißes Tuch, die Hände bittend nach rechts gewandt.

Und dann dieser herabhängende Zipfel über ihrer Schulter, der in einer Spitze endet.

Da lag ich wohl ganz richtig mit der Datierung der Malereien.

Es war für mich eine sehr schöne Zeit - dieses Finden - obwohl die Arbeit immer wieder auch sehr schwer war. Einiges bewältigte ich im Moment noch nicht. So ließ ich es unberührt und begann auf der Gegenseite mit dem Suchen der Gegenfigur. Mir war klar, das konnte jetzt nur Johannes sein da drüben, und in der Mitte Christus als Weltenrichter. So ist meist die Mitte gestaltet bei allen romanischen Malereien. Die Regenbogenmandorla, die mandelförmige Umrahmung und sein hoher Thron waren gut zu sehen. Ich fand auch das Gesicht. Am oberen Riss entlang in der Mitte war später ein Haken eingesetzt worden, um den Kanzelaltar zu stabilisieren. Da waren Bereiche locker und sehr mit Lehm verschmiert.

Leider war dadurch der Christuskopf geteilt und die Malerei teilweise verloren. Aber ich hatte Christus wieder gefunden, der dort wohl Jahrhunderte lang versteckt war.

Ich fand alles vor, was man so im Laufe von Jahrhunderten benutzt hat, um die Risse zu schließen: Lehmverputzung in der Schulter des Johannes,

Innenansicht der Kirche Pretzien nach Osten und nach Westen im Jahre 1973 mit ersten Freilegungen in der Apsis nach Norden

30. August 1973 - Eine Figur erscheint. Wen stellt sie dar: König oder Maria? Rechts ein Engel sichtbar.

Der gerade freigelegte Kopf der Maria mit Blattgoldresten im Heiligenschein und in der Krone. Die Fläche ist noch nicht gereinigt.

Die gleiche Darstellung gereinigt zeigt ein feines Mariengesicht von edler Schönheit

An der Südseite der Apsis wird die Figur des Johannes freigelegt.

1. KAPITEL

verschiedene Kalksorten mit dicken Leimanstrichen, dann Zement, wie man ihn wohl nach dem II. Weltkrieg zur Verfügung hatte.

Die Kirche hatte einen Treffer beim Beschuss von Magdeburg abbekommen, die Risse sollen davon sein, meinten die Männer des Dorfes. Wir fanden das später auch in den Akten bestätigt, gerade die Apsis war im Krieg getroffen worden. Daher und von alten Senkungen kamen die starken Risse und Verschiebungen in der Apsis.

Zwischen Maria und der Mandorla, auch gegenüber, fand ich dann noch Figuren, nicht so richtig zu erkennen. Es sind zwei Seraphim mit je sechs Flügeln und zwei kniende Engel.

Während ich dort arbeitete, erhielt ich allerhand Besuch. Die Kirchentür stand täglich weit offen, so lange es noch nicht kalt war. So schaute mancher herein, Freunde, die von meiner Arbeit und den Funden erfahren hatten. Einheimische waren neugierig.

Immer öfter kamen Gäste aus dem riesigen Urlaubergebiet, das mitten zwischen den Orten Pretzien, Plötzky, Gommern und Dannigkow in unseren Wäldern an wunderschönen klaren Seen und den alten Elbarmen gerade erst entstand.

Der DDR-Staat hatte begriffen, dass man den arbeitenden Menschen eine Möglichkeit zur Erholung bieten musste, was an den nun mit Wasser vollgelaufenen ehemaligen Steinbrüchen im Umfeld hervorragend möglich war. Wer es konnte, mietete sich ein Stück Land, baute sich mit allem nur möglichen Material an den Seen eine kleine „Datsche" und verschwand am Wochenende dort draußen, unerkannt und privat, das war wichtig, und erlebte dadurch sonst nicht vorhandene Freiheit. Manche erhielten das Stück Land für die Datsche auch als Anerkennung für ihre verschiedenen „Tätigkeiten" bei der Kontrolle anderer. Sie waren für uns nicht erkennbar, aber man hatte uns von Anfang an „voll im Blick".

Wie kann man denn auch einfach so an einer endlich kaputten Kirche arbeiten und das mitten im Naherholungsgebiet! Der Sozialismus wollte keine Kirche mehr haben. Das spürte man überall. Mein Mann war bei seiner Einführung als evangelischer Pfarrer aber auch für die Urlauberseelsorge mit beauftragt worden.

Im gleichen Jahr 1973 hatte der Staat den bis dahin noch praktizierten Quarzsand-Abbau eingestellt. Wir sahen im Sommer noch die letzten Züge fahren, aber man hatte sich nun auf das Urlaubsgebiet eingestellt. Dass dieses ganze Gebiet gleichzeitig eines der großen „Sonderforste der DDR" wurde, so wie Wandlitzsee, also bevorzugt für Parteigenossen zur Erholung, erfuhren wir erst sehr viel später.

Mittendrin in diesem Bereich gibt es etwas Kirchenland. Darauf entstanden sogar ein paar kirchliche Bungalows: am Heinrichstalsee und am Pretziener See. Dort hatte unser Bischof Dr. Werner Krusche ein einfaches Häuschen. Und im Sommer war er oft draußen, kam dann auch gerne zu den Gottesdiensten, meist mit der ganzen Familie.

Dadurch kannten wir seine Kinder, Friedemann, Cornelia und Andreas, die uns später ganz entscheidend geholfen haben.

Endlich im Oktober, kamen die angekündigten Denkmalpfleger, mehrere berühmte Kunsthistoriker mit dem Chefrestaurator C. aus Halle und zeigten sich entsetzt: „Was sollen wir bloß mit so einer kaputten Kirche und mit solchen Wandmalereien anfangen, dafür gibt es kein Geld und Wandmalereien haben wir genug, die überstreicht man am Besten wieder, um sie zu erhalten, so geht das nicht, hören sie sofort auf!" Das war ein Fazit!

1. KAPITEL

Wir waren erschlagen. Hatten wir doch wirklich ganz naiv Zustimmung erwartet.

Die Pretziener Friedhofskapelle

Erste Überlegungen R

Da wir die Kirche in Pretzien vorerst nicht benutzen konnten für Gottesdienste, planten wir, die kleine Kapelle auf dem nicht weit entfernten Friedhof am nördlichen Rande des Dorfes dafür herzurichten. Aber auch sie war nicht in Ordnung, die Fenster teilweise eingedrückt, die Wände mussten gestrichen werden, Treppenstufen mussten gerichtet werden, der Ofen war zu erneuern, der Boden war völlig verdreckt.
Da half uns die Jugendgruppe des Magdeburger Domes unter Andreas Krusche, dem ältesten Sohn unseres evangelischen Bischofs Dr. Krusche.
Am Freitag, den 28. September 1973 wurde bei einem Großeinsatz mit zwölf Jugendlichen begonnen. Abends war Anreise bei uns in Plötzky.

Die Mädchen rollten ihre Schlafmatten in unseren Bodenkammern aus, die Jungen im Gemeinderaum, erst mal gemütliches Beisammensein an unserem Haus. Am Samstag war dann großer Einsatz an der Kapelle in Pretzien, es wurde gemalert, die Fenster gerichtet und geputzt, der alte Ofen wieder richtig zusammengesetzt, die Stufen angehoben, alle hatten tüchtig zu tun.
Abends, wieder bei uns, kamen die Jugendlichen nicht zur Ruhe und wir natürlich auch nicht, es wurde spät oder besser früh.
Am Sonntag hatte ich drei Gottesdienste zu halten. Die jungen Leute beteiligten sich in Plötzky und Pretzien, lasen Teile des Gottesdienstes mit. Aber dann mussten sie zur Bahn gebracht werden oder fuhren davon mit dem Moped, denn alle waren ja schon berufstätig und halfen uns ehrenamtlich.
Die Verpflegung hatte meine Frau abzusichern, Kuchen wurde in der Gemeinde gebacken, da halfen die Frauen der Frauenhilfe ganz lieb. Die Kapelle wurde erst nach verschiedenen Einsätzen fertig und benutzbar.

1. KAPITEL

Trotzdem nahm die Gemeinde den neuen Raum, eben die Friedhofskapelle, nicht so richtig an. Frauenkreise fanden im „Alten Krug" mitten im Dorf statt. Zu Gottesdiensten kamen nur wenige.

Das war alles sehr anstrengend, aber so ging es das ganze Jahr weiter: Posaunenfest zu Erntedank, Konfirmation, Frauenkreise mit verschiedenen Fahrten, Unterricht, viele Beerdigungen, Weihnachtsfeiern und dazwischen begleitete ich die Arbeit an der Kirche, beteiligte mich immer wieder an den Dächern der Kirchen in Pretzien und Ranies.

Das Dach in Ranies war besonders schwierig, da Blitzableiter neu verlegt werden mussten. Zum Jahresende war beides geschafft.

Im Dezember übte meine Frau mit etwa 25 Kindern ein Krippenspiel ein, das am Heiligen Abend in Plötzky und auch in Pretzien aufgeführt wurde. Beide Gemeinden freuten sich sehr darüber. Das hatte es lange nicht gegeben. In der Pretziener Kirche war eigentlich kein Platz dafür. Direkt vor den ersten Bänken stand sehr hoch der romanische Taufstein, die Seitensitze hatten noch vordere Schutzbretter, ein Pult stand da noch, aber die Kinder machten es prima, spielten und sangen voller Freude in der Kirche ein einfaches Weihnachtsspiel.

Die Plätze in der Kirche waren alle besetzt, da auch aus den Bungalows erstaunlich viele Menschen gekommen waren, die draußen im Wald Weihnachten feierten, eine völlig neue Erfahrung für meine Frau und mich. Durch die weihnachtlichen Probleme der Enge im Altarraum planten wir, die vorderen Bänke im Chorraum zu entfernen. Dann könnte man besser spielen. Wir dachten über bescheidene Arbeiten in der Kirche nach. Es sollte dennoch alles ganz anders werden.

Das schwierige Freilegen kostete viel Kraft. Die Restauratorin Maria Meussling bei der Arbeit.

2. KAPITEL

Viele Überraschungen

Alles ändert sich - das Jahr 1974   M

In meinem Beruf als Restauratorin wurde ich in der DDR durch meine Ausbildung als Skulpturenrestauratorin in den „Kirchlichen Werkstätten Erfurt" von der staatlichen Seite her nicht anerkannt.

Dabei hatte ich in Erfurt eine hervorragende dreijährige Ausbildung bei einer prominenten Meisterin. Abends besuchte ich verschiedene Volkshochschulkurse in Erfurt in bestimmten Fächern wie Ölmalerei, Aktzeichnen, Schriftgestaltung, Kunstgeschichte u.a.m. Außerdem hatte ich viele Möglichkeiten in die angeschlossenen Werkstätten, wie Bildhauerei, Glaserei und Paramentik hinein zu schauen. In der Altmark habe ich sogar als junge Frau eine Lehre bei einem Bildhauer begonnen, um selber schnitzen zu können.

Um aber auch die steuerliche und staatliche Anerkennung als freie Restauratorin zu erhalten war es staatliche Bedingung in den Verband Bildender Künstler aufgenommen zu werden. Dazu sollte ich in der Zentrale des Verbandes in Berlin Dokumentationen über von mir durchgeführte selbstständige Arbeiten einreichen. Mindestens vier Arbeiten waren nötig und wurden dann von einem Restauratoren-Kollegium begutachtet, um einer Aufnahme zuzustimmen oder nicht.

An Arbeit mangelte es bei mir nicht. Ich hatte gerade von privaten Kunden interessante Aufträge erhalten sowie einen kleinen gotischen Schnitz-Altar für die Stephani-Kirche in Calbe in der Werkstatt.

Aber dafür benötigte ich einen Mentor, der mich beraten sollte. Um das alles zu schaffen, fuhr ich zu Chefrestaurator C. nach Halle, der mir zu helfen versprach. Ich kannte ihn bereits seit meiner Erfurter Zeit als sehr guten Restaurator.

In Halle erfuhr ich ganz nebenbei, dass im Frühjahr in der St. Thomas-Kirche Pretzien die Apsis durch den Restaurator P. gesichert werden solle. Man hatte also doch den besonderen Wert der Pretziener Malereien erkannt und stellte Mittel zur Verfügung.

Wir freuten uns sehr über diese neuen Aussichten auf Kollegenhilfe!

Restaurator P. reiste am 18. April für 14 Tage an und legte los.

Es war wirklich sehr viel zu machen in der Apsis. Tiefe Risse gingen von der oberen Mitte zu jedem der 3 Fenster, dort über den Fenstern waren trotz dickem Mauerwerk große Verluste am Putz durch heraus brechende Steine. An vielen Stellen stand der Putz hohl ab.

Ich war jeden Vormittag mit dabei, denn ich wollte ja viel lernen.

Leider merkte ich sehr schnell, dass dieser Kollege - menschlich sehr lieb und außerordentlich fleißig - nicht sauber genug arbeitete. Fiel eine hohe Putzpartie mit Malerei herunter, blieb sie liegen und wurde zertreten. Das war für mich, die ich die Bereiche gerade erst gefunden hatte, nicht akzeptabel, er sollte sie ja an der Wand befestigen.

Ich sammelte alles auf, setzte, wo es ging, wenigstens die roten Linien wieder zusammen, in dem ich die Bruchstücke in den nassen Putz drückte und mit dem Spachtel anarbeitete.

Starke Hohlstellen, manchmal waren bis zur Wand 8 cm Platz, gab es gerade im Bereich der Christus-Füße. Die Stelle wurde mit nassem Kalkmörtel hinterlegt und mußte fest gehalten werden, um zu trocknen. Sie wollte nicht halten. Es war der linke Fuß der Christusfigur.

Herr P. reicherte den Mörtel mit Polyvenylacetat an und versuchte es erneut, alles klatschte zu Boden. Ich sammelte alle Brocken ein, setzte sie auf einem flachen Stück Stein sorgfältig zusammen, ließ alles anziehen, reichte ihm das

2. KAPITEL

Ganze zum erneuten Versuch des Ansetzens.
Da kam jemand in die Kirche, Restaurator P. mußte unbedingt schauen und ließ wieder alles fallen. Mir kamen die Tränen, ich sammelte alles ein, es waren aus den vier Bruchstücken zehn geworden, aber nun machte ich es selbst. Ich wusste jetzt, wie es gehen kann und ließ mir nichts mehr vormachen.

Die Apsis war durch den im 19. Jahrhundert entstandenen klassizistischen Kanzelaltar, eine einfache Maschinensägearbeit, fast völlig zugebaut. Die Denkmalpfleger erlaubten uns erstaunlicherweise ohne Schwierigkeiten diesen Altar abzubauen, um die Malerei der Romanik besser wirken zu lassen.
So begannen wir, Restaurator P., mein Mann und ich, die Teile der Kanzel und alle Balken zu demontieren. Die Balken reichten bis in die Wände und hinterließen große Löcher im Mauerwerk. Die schlecht gesetzte Mensa davor wurde abgetragen und dann kam der Moment, wo die letzten Balken aus der Wand gelöst und das Balken-Gerüst nach vorn geklappt wurde.

Wir sahen zum ersten Mal wieder die freie Apsis und waren tief beeindruckt von den Malereien: Christus der Weltenrichter, Maria und Johannes in Gebetshaltung, dazwischen die Engel.
Im unteren Bereich der Apsiswand unterhalb der Malereigrenze fand ich die zugemauerte originale Ablage für die heiligen Geräte beim Abendmahl. Kurz danach fanden wir nach Norden die ebenfalls zugemauerte steinerne Nische, das Sakramentshaus, dem Putz nach erst in der Zeit der Gotik dorthin versetzt. Man erkennt noch Haken eines Türchens, also war es ein mittelalterlicher Tresor.

Wie freuten wir uns über jeden Fund!
Ich hatte noch die letzten unteren Apsis-Partien von den Übermalungen befreit und fand in diesem Bereich acht verschiedene Heiligenfiguren, Ornamente in den Fensterwandungen und breite Borten als unteren Abschluss, alles nur noch in zarten Tönen, aber es war gut zu erkennen und mit vielen Details versehen.

Das durfte nie passieren! M

Und dann konnte ich zwei Tage aus familiären Gründen nicht in der Kirche sein, die Kinder brauchten mich.
Inzwischen hatte Herr P. sehr „fleißig" weitergearbeitet. Er hatte die gesamte Apsis gereinigt, d.h. er hatte mit einem großen Naturschwamm die originale Schicht - mit Wasser - abgewaschen!
Es waren ja viele Kalk- und Leimreste, manchmal auch Lehm, von vorigen Schichten noch dünn darauf.
Ich hatte aber durch den Fachmann eine sehr sanfte Tupferreinigung erwartet!
Dass Herr P. dabei die vielen feinen Höhungen und Lasuren abgewaschen hatte, bemerkte er gar nicht! Und bis dahin hatte ich noch nicht genau fotografiert. Ich konnte mir keine gute Kamera leisten.
Nun war er schon dabei, auf Anweisung des Chefrestaurators C., wie er betonte, mit einer Polyvenylacetat-Lösung (DDR-deutsch: Latex) die Apsis zu überstreichen. Als ich hereinkam, lief dies als dicke Brühe, die er mit einem breiten Quastenpinsel aus dem Eimer auftrug, an den Fensterwandungen herunter. Das sieht man bis heute noch. Und dieser Lack fing an zu glänzen und wie!
Ich konnte es nicht glauben, was ich da sah. Ich konnte nur noch wütend heulen. Drehte mich um,

2. KAPITEL

eilte mit dem Fahrrad nach Hause, um meinem Mann zu berichten. Er verstand mich sofort und wir fuhren mit dem Auto wieder nach Pretzien. Alles glänzte, wie eine Speckschwarte, die ganze Apsis!
So war alles unwiederbringlich verdorben!
Mein Mann verbot dem Restaurator sofort im Auftrag des Gemeindekirchenrates Pretzien das Weiterarbeiten. Wir fuhren nach Plötzky zurück. Ein Anruf ins Institut für Denkmalpflege und wenige Stunden später kam der Chefrestaurator C., um sich den Schaden anzusehen.
Ich kann darüber noch heute nicht ohne Emotionen schreiben, so hat uns beide das damals aufgeregt, ja, richtig weh getan hat es uns.
Restaurator P. wurde nun angewiesen, diesen Lack wieder abzunehmen! Womit bloß, es gab bis dahin keine Erfahrungen mit dem Abnehmen dieses Mittels. Er ging in den Kaufladen, kaufte Watte und Essigessenz und begann mit bloßen Händen mit Essig und Watte erneut zu waschen! Es wurden noch mehr Details abgewaschen, der Glanz wurde gering weniger! Er ist bis heute zu sehen, man erkennt noch immer die Laufbahnen an den Fensterwandungen. Dieser Umstand macht dem jungen Restaurator Mädebach aus Dresden seit Jahren Sorgen, weil der Glanz nicht zu lösen ist. Er hat sich in seiner Diplomarbeit mit der Lösung dieser Lackschicht über den Wandmalereien befasst.
Wie stark diese Essenz war, zeigte die Tatsache, dass Herr P. am anderen Tag riesige Blasen an seinen Händen hatte. Es war alles verätzt.

Freigelegte Stelle über dem südlichen Apsisfenster und was noch davon übrig blieb.

Problematischer Bereich mit großen Putzverlusten - Apsis nach Osten - Füße des Christus

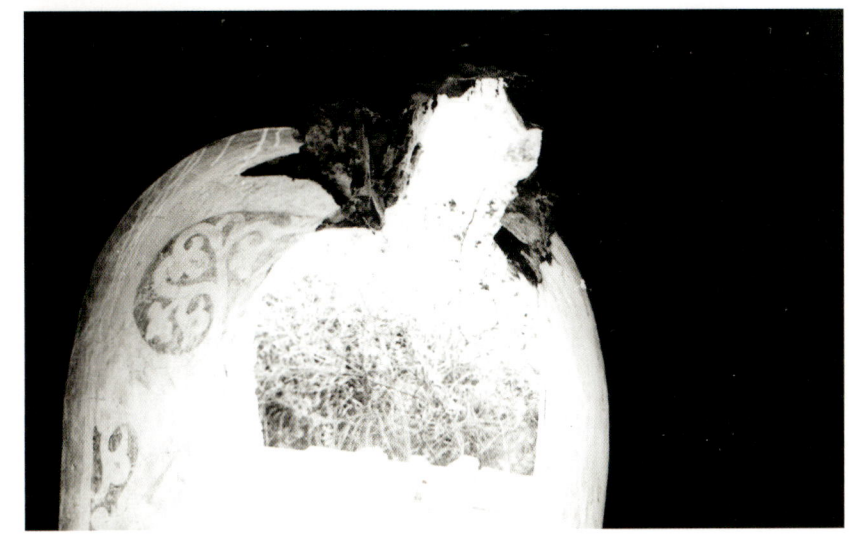

Fensterwandung nach Süden mit Tropfbahnen des Klebstoffes

2. KAPITEL

Die weiteren Arbeiten   R

An einer defekten Stelle an der Putzdecke konnte man sehen, dass darunter die Balken mächtig stark waren. Sollten hier die ursprünglichen Balken noch da sein? Waren sie in Ordnung? Die Putzdecke war durch das lange Reinregnen im Schiff der Kirche sowieso nicht mehr zu retten. Sie hing teilweise schon weit herunter. Schilf nageln und Putz reparieren konnten nur Fachleute und die gab uns niemand. Aber woher sollte ein Gerüst kommen? Wie kommt man sonst an die hohe Decke?

Ich durfte mir aus der Kirche Leitzkau ein paar Gerüststangen leihen für ein einfaches Gerüst. Auf dem Trabbi-Dachgarten transportierte ich die 5 m langen Stangen äußerst vorsichtig über Dannigkow durchs Naherholungsgebiet nach Pretzien.

Die dazu nötigen Schellen lagen im Auto. Im Naherholungsgebiet war die Straße sehr schlecht mit vielen Schlaglöchern, ich fuhr also langsam. Dort begegneten mir doch plötzlich mehrere Volkspolizisten!

Ich erschrak entsetzlich, schaute nicht nach rechts und links und fuhr weiter. Wenn sie mich bloß nicht anhalten, dachte ich.

Die viel zu langen Gerüststangen schwankten vorn und hinten gefährlich.

Im Rückspiegel sah ich dann die - lachenden Polizisten. Wahrscheinlich sahen sie so etwas im Naherholungsgebiet öfter.

Mir fiel ein Stein vom Herzen. Ich brachte alles heil in die Kirche. Dort half mir dann Frieder Steinich, der Sohn unseres befreundeten Försters, beim Gerüstaufbau.

Als Bohlen benutzten wir alte Kirchenbänke. Als Schutz für die Wandmalereien der Apsis hatten wir eine Wand aus Brettern und Folie vor die Apsis gebaut.

Zuerst schlugen wir mit Hämmern den sehr lockeren Kalk von der Decke, füllten das Material in Eimer und brachten das nach draußen.

Das Rohrgeflecht darunter abzunehmen, machte große Probleme, es war mit harten Krampen und Nägeln befestigt. Darüber war eine Bretterlage von unten gegen die Balken genagelt. Mit jedem Brett, das wir lösten, fielen aus den Zwischenräumen Unmengen alter Dreck auf uns herab, aber auch Hühnerknochen, Nest-Eier, Eierschalen und Federn. Auf einmal schauten wir in die Augen einer Marderfamilie. Wir meinten, sie zum Schluss zu fangen und beeilten uns mit dem Bretterlösen, aber sie rückten über ihre bewährten Wege im alten Schornstein in der Mauer aus.

Dieses Abbauen der späteren Decke war eine der schlimmsten und schmutzigsten Arbeiten überhaupt und dauerte 14 Tage. Nur gut, dass wir danach immer in einem unserer Seen baden gehen konnten.

Der Lohn für diese schwere Arbeit waren die nun freiliegenden dicken mittelalterlichen Deckenbalken. Sie waren fast alle in gutem Zustand. Nun mussten nur noch die Tausenden von Krampen und Nägel gezogen werden. Das machten wir mit großer Sorgfalt, um die Balken nicht zu beschädigen.

Bis zum Erntedankfest war die Kirche wieder sauber zu machen. Im Kirchenschiff gab es noch die Emporen und alle Bänke, wenn auch in sehr schlechtem Zustand.

Das Saubermachen erledigten die Frauen der Frauenhilfe, Vater Kersten und einige Helfer sehr fleißig. Denn zum Fest gab es eine schöne Musik mit den Gnadauer Posaunen, zuerst im Gottesdienst begleitend zum Gesang. Dann aber spielten sie draußen vor der Tür noch lange Volkslieder zum Mitsingen. Das gefiel allen sehr.

Die Abnahme der defekten Putzdecke durch Frieder Steinich und Pfarrer Rüdiger Meussling

2. KAPITEL

Wie wichtig? M

Die Arbeiten an der Decke waren soweit abgeschlossen. Die alten Balken wirken gewaltig, auch im Hohen Chor, lassen den Raum erhaben wirken.
Ich hatte inzwischen auch im übrigen Kirchenraum an verschiedenen Stellen die Farbschichtungen nach Malereien untersucht und besonders seitlich der Triumphbögen nach Norden und Süden Malereien gefunden. Da konnte ich gut von der Empore aus arbeiten, deren Balken ja dort bis zur Wand gingen.
Der Gemeindekirchenrat hatte nun vor, unter der hinteren Orgelempore, einen beheizbaren Gemeinderaum einzubauen für die Kinder- und Winterarbeit. Der Gemeindekirchenrat konnte sich das gut vorstellen. So etwas war damals überall üblich.
Wir planten also sehr ausführlich mit dem Architekten des Kirchlichen Bauamtes Magdeburg Herrn Sußmann den Einbau.
Er hat verschiedene recht gute Vorschläge sehr genau ausgeführt.
Hinten unter der Querempore sollte eine Glaswand eingebaut werden, die man am Heiligen Abend öffnen könnte.
Für dieses Vorhaben waren aber die vorderen Emporen und die alten Öfen nicht nötig. Sie wurden in verschiedenen Arbeitseinsätzen, wieder mit der Hilfe der Magdeburger Domjugend, abgebaut.
Dabei war auch Andreas Krusche, von Beruf Informatiker. Begeistert sagte er: „Da kann man so richtig seine Aggressionen loswerden". Dann schlug er kräftig zu und hatte sofort einen riesigen rostigen Nagel im Knie!
Da war nichts mehr mit Austoben - ich brachte ihn zum Arzt!
Die anderen Helfer waren aber sehr viel vorsichtiger.
Wir haben bei allen Arbeiten, bis auf einmal, viel Bewahrung erfahren.
Der Kunsthistoriker Dr. Merker aus Halle vom I.f.D. und Herr Sußmann vom Konsistorium aus Magdeburg erschienen immer mal wieder, um zu sehen, was in der Kirche los war. Herr Sußmann freute sich sehr und registrierte stets das gute Vorankommen bei uns.
Man hatte in Magdeburg im Konsistorium unserer Kirchenprovinz meinem Mann allerdings jede Hoffnung auf finanzielle Hilfe in Frage gestellt. Diese Kirche war im Konsistorium vollkommen abgeschrieben. Sie wieder benutzbar zu machen, war nicht eingeplant!
Wir haben auch tatsächlich lange Jahre von dort kein Geld bekommen! Aber Hilfe haben wir schon erfahren. Der zuständige Kirchenkreis hielt sich ganz zurück.
Herr Sußmann und Dr. Merker waren sehr begeistert von der Apsis, von den feinen Malereien, den alten Deckenbalken und unseren Gedankengängen, doch noch einiges in der Kirche zu untersuchen und vielleicht sogar die Emporen ganz zu entfernen. Wie das alles zu bewerkstelligen wäre, wussten sie auch nicht, und Geld - oh nein.
Aber der Kunsthistoriker Dr. Merker, eine Berühmtheit, deutete sofort einige der Bilder an den Wänden und half uns neu zu sehen.
Überhaupt machte ich immer wieder lange Ohren, wenn schlaue Besucher auftauchten, denn ich war mir längst noch nicht so sicher, wenn es um die Bedeutung und Datierung der Malereien ging und lernte viel dazu. Zu Hause wälzte ich alle nur verfügbare Fachliteratur.
Als Besucher, vermutlich von Dr. Merker informiert, erschien eines Tages Dr. Heinrich Nickel

2. KAPITEL

von der Martin-Luther Universität Halle. Er war mir als Kunsthistoriker, der sich speziell mit romanischen Wandmalereien befasst, bekannt. Endlich einmal jemand, den ich nach allen Einzelheiten eines möglichen Programms bei Malereien befragen konnte. Und er behandelte mich zuerst wie eine Schülerin. Aber als Restauratorin konnte ich ihm jede Menge Details über die Techniken und Farben neu zeigen. Es wurde ein wunderbares Geben und Nehmen, eine jahrelange Freundschaft ist daraus geworden.
Er bestärkte mich auch ganz entscheidend in der Datierung dieser spätromanischen Darstellungen auf die Zeit um 1220/30. Er hob auch als erster die starken byzantinischen Bezüge und Einflüsse heraus. Und er bestätigte mir die Seltenheit dieses Metiers.
Dr. H. Nickel lud mich und meinen Mann ein, am 27. Januar 1975 in Halberstadt auf der Tagung für Byzantinische Kunst, von der Universität in Halle durchgeführt, vor einem hochkarätigen internationalen Fachpublikum Bilder von der Freilegung der Wandmalereien in Pretzien zu zeigen und zu erläutern.
Wir waren sehr aufgeregt, endlich konnten wir das Fachleuten zeigen.
   Diese Tagung war der Durchbruch. Die Fachleute aus aller Welt waren hell begeistert. Engländer, Franzosen, Schweizer nahmen dieses neue Wissen mit. In der Folgezeit reisten mehrfach ganze Gruppen von Kunstfachleuten an und diskutierten eifrig.
Einmal hat sogar unsere Frauenhilfe eine riesige Suppe für 55 Teilnehmer einer Tagung aus Berlin gekocht und sie in der Kirche ausgeteilt, da es sehr kalt war und es keine Gaststätte gab, um die Menschen zu beköstigen.
Diese internationale Anerkennung stärkte mir sehr den Rücken, an der Freilegung der Malereien weiter zu arbeiten, auch wenn mir niemand etwas dafür bezahlte. So arbeitete ich jeden Vormittag mit dem Skalpell weiter, untersuchte jeden Meter Wand in der Kirche und wurde immer wieder fündig im Hohen Chor bis in das Schiff hinein.
Die Arbeit selber war sehr kraftaufwendig und mühsam. Mal lösten sich die Übermalungen leicht, mal wurde es schwierig.
Es lagen ja die unterschiedlichsten Schichten jeweils direkt über den Malereien, da im Laufe der Jahrhunderte immer wieder erst alles Lockere an den Wänden abgekratzt oder gespachtelt wurde, ehe ein neuer Anstrich erfolgte. Beim Abkratzen waren oft tiefe Schäden entstanden, man sieht noch die Spachtelspuren als Verlust.
   Auch vor dem letzten kompletten Kirchenanstrich in dicker grauer Leimfarbe mit oberen Kantenstrichen in brauner Farbe und kleinen rosa Röschen muss der Maler die alten Malereien gesehen haben, aber er hat die Wertigkeit nicht erkannt. Offensichtlich auch sonst niemand, denn in den alten Pfarramtsakten fanden wir einen Zeitungsausschnitt über den Neuanstrich des Innenraumes der Pretziener Kirche von 1892. Dort wurde ausdrücklich der Maler und der Pfarrer für die gute Farbauswahl gelobt.
Jedenfalls war nun - 1973/74 - nichts mehr schön!

Der Boden gibt Geheimnisse preis   M

Nach dem Abbau des Altares und der Seitenbänke begann der gesamte Bodenaufbau im Chorraum zu rutschen, war ja klar. Wir suchten nach einer alten Bodenschicht und stellten fest, dass mit viel Sand der Kirchenfußboden etwa 50 cm erhöht worden war. So begannen wir, wieder

Restaurator P. und Pfarrer Rüdiger Meussling demontieren die letzten Balken des klassizistischen Altaraufbaues.

Endlich ist die Apsis frei, die romanischen Fresken dürfen wirken.

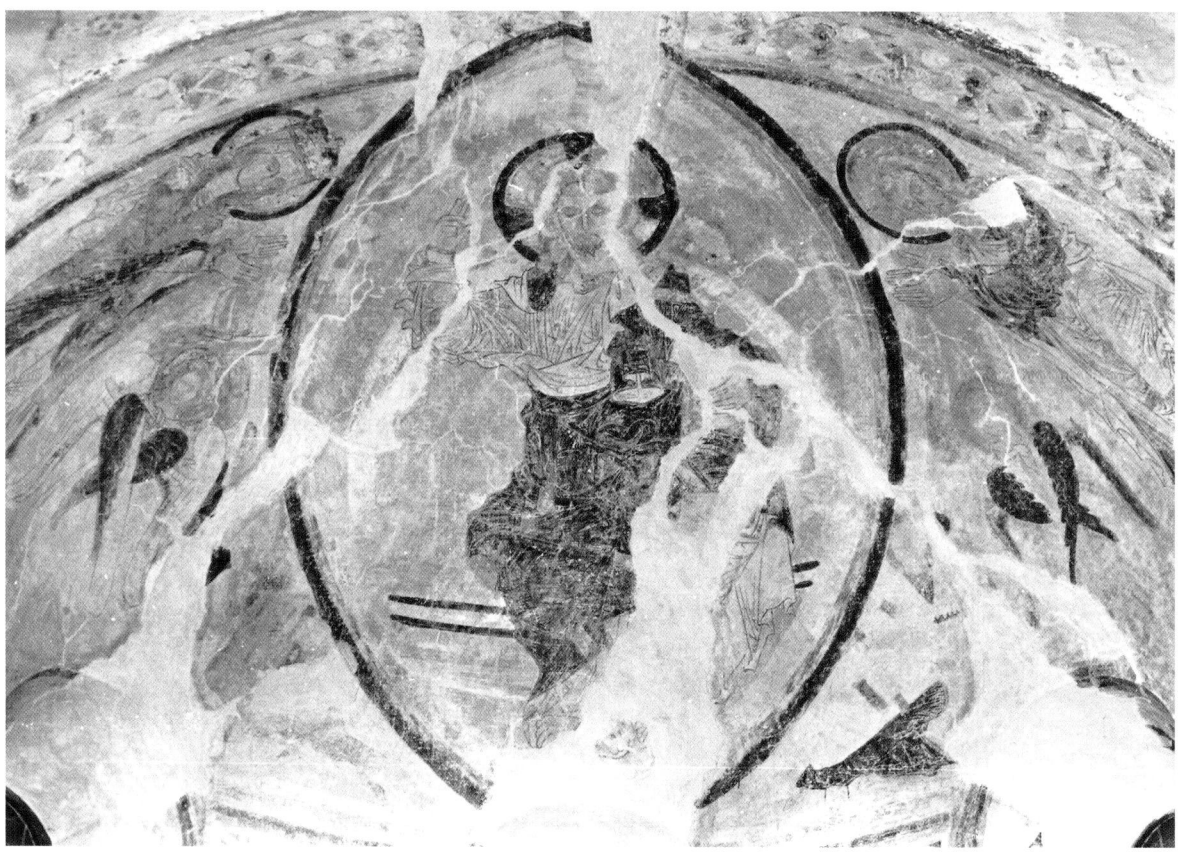

Gestalt der Maria als Ecclesia mit Krone, Tuch und Heiligenschein, mit bittenden Händen und königlich geschmücktem Gewand, daneben ein Seraph mit sechs Flügeln auf dem Rad stehend.

Johannes der Täufer im Büßergewand und bittenden Händen, links daneben ein Seraph.

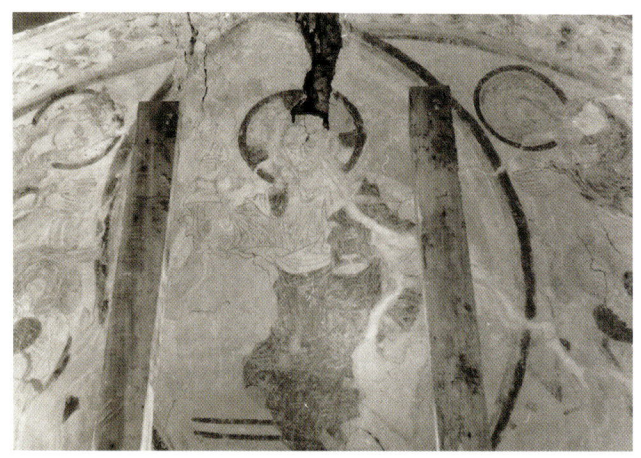

*Im Christuskopf musste ein großer
Riss gefüllt werden.*

*Christus sitzt als königlicher Herrscher
auf seinem Thron.*

2. KAPITEL

mit der Magdeburger Domjugend, den Sand in Chor und Apsisbereich heraus zu nehmen und genau zu untersuchen. Er wurde mit Karren nach draußen gefahren und durch Siebe gegeben, nichts sollte verloren gehen.

Vor der Kirche nach Süden war es ja gleich sehr abschüssig, dort konnte Gelände aufgefüllt und begradigt werden.

So fuhren die Helfer, es wurden immer erstaunlich viele, auch aus dem Bungalow-Gebiet, Karre um Karre nach draußen und das Material wurde erst durch ein grobes und dann ein feines Sieb geworfen. Viele Funde erzählen bis heute vom Leben in der Kirche. Sie sind jetzt in einem Schauschrank im heutigen Durchgang zum Gemeinderaum zu sehen.

Wir fanden Spannendes: einen alten Bereich mit Gipsestrich auf spitzen Quarzitsteinen gegossen, das war der ursprüngliche Fußboden, eine Stufe, mehrere alte Gräber, schon zerstört, aber noch Beigaben davon, Stoffstücke, Lederschnallen, alte Kerbhölzer, den Bereich der ursprünglichen Mensa, sogar noch die untere Schicht, aber da war alles locker.

Sorgsam fotografierte ich jetzt alles, dokumentierte das Meiste.

Um eine neue Mensa am nunmehr ursprünglichen Platz aufmauern zu können, mussten die letzten Steine hochgenommen werden. Wir hofften auf eine Beigabe, das kam vor, manchmal eine kleine Figur.

Aber unter der hinteren rechten Ecke fanden wir nur eine zerbrochene gestapelte slawische Urne aus weißlichem Ton. Hatte man hier zeigen wollen, dass auf diesem Hügel mal ein slawisches Heiligtum oder ähnliches stand, dass das Heidentum hier besiegt war? Wir fanden später noch andere Beweise für eine slawische Bebauung oder ein heidnisches Heiligtum. Aber der Name von Pretzien ist ja slawisch und heißt „brithzin" - „Dorf an den Birken"!

So hatte Albrecht der Bär hier wohl bewusst eine Kirche im damals üblichen Staffelstil in ganz einfachen Formen bauen lassen, wohl eher von Leitzkauer Mönchen, denn die baulichen Ähnlichkeiten zum dortigen Klosterbau, aber auch zum Magdeburger Kloster Unser Lieben Frauen, sind unübersehbar.

Dann auch dieses Steinmaterial, der Pretziener Quarzit, an allen drei Kirchen das Gleiche. Der Quarzit wurde ja seit Jahrhunderten in den umliegenden Steinbrüchen gebrochen.

Er war auf der Elbe, damals noch schiffbar bis unterhalb der Kirche, weithin in Kähnen transportierbar.

Quarzit wurde noch bis 1963 ringsherum in tiefen Steinbrüchen gesprengt und gebrochen. Danach wurde noch zehn Jahre Quarzsand für den Heizkesselguss und den Häuserbau gewonnen.

Heute sind diese Steinbrüche alle voll Wasser gelaufen, da die Pumpen abgestellt sind. So steigt der Wasserstand der Seen langsam an.

Der Taufstein M

Vorne im Chor hatte uns am meisten der sehr hoch stehende Taufstein gestört. Als wir nun den Stein in Teilen abbauten, um später einen guten Platz zu finden, merkten wir, dass darunter noch eine recht hohe Stufe war. Der Kunsthistoriker Dr. Leopold vom I. f. D, wir hatten ihn eingeladen, ordnete dies gleich als Rest eines ehemaligen Lettners ein. Zwei abgewetzte Stufen und das Fundament eines davor liegenden Altares erzählten uns ganz viel über die ehemalige Nutzung

2. KAPITEL

dieses Raumes durch viele Mönche. Der Lettner bildete die Trennung zwischen Klerus und Volk, er hatte eine ansehnliche Höhe mit zwei Durchgängen. Man sieht den Ansatz noch unter den ersten beiden Fenstern im Schiff. Die genaue Höhe ist aber nicht mehr erkennbar.

Beim Abbau der Emporen kamen unter jeder Säule eigenartige flache halbrund geformte Sandsteine zum Vorschein. Wir sammelten sie erst mal. Als wir später die Bänke in der Kirche und den Sand entfernt hatten, entdeckten wir hinten in der Mitte, genau zwischen den beiden Eingängen den alten kreisförmigen Platz für die Taufe. Als wir die Sandsteine hinlegten, ergaben sie genau die Rundung. So wurde später an dieser Stelle alle Steine im Boden verlegt und die feine achteckige Taufe darauf gestellt.

Stück für Stück lernten wir vom Kirchenbau und wurden immer aufmerksamer dabei.

Magdeburger Dom-Jugend im Pfarrgarten mit den Pfarrerskindern

Bauzustand 1974

Abbau der Emporen durch die Jugendlichen

Während der Bodenuntersuchungen mit vielen Funden, in der Apsis das alte Altarfundament, Reste des ursprünglichen Fußbodens und unzählige Kleinteile.

Beim Abbau der Taufe müssen alle mit helfen.

Architekt M. Sussmann hilft bei der Bodenuntersuchung. Hier wurde gerade der Rest des Lettners gefunden.

2. KAPITEL

Experimente M

Es war uns klar, ohne Geld kommen wir hier nicht weiter, alles, was nun zu bauen war, würde bezahlt werden müssen. Da unsere Landeskirche und viele Amtsbrüder von einer Rücknahme der „aufgegebenen Kirche Pretzien" nichts wissen wollten, konnte von dort nichts kommen.
Mein Mann schilderte in Berlin im Amt der Evangelischen Kirche der Union unser Problem und fand überraschend bei Oberkirchenrat Jungklaus offene Ohren. Er kam mit Geld wieder, was natürlich ordentlich abzurechnen war. Wir waren endlich verstanden worden!
Nun konnten wir Maurer beschäftigen, die in der Apsis begannen, die drei Fenster in die romanische Form zurückzubauen. Die einheimischen Maurer schienen uns da am besten geeignet, da sie das schwierige Material Quarzit schon lange verarbeiteten und jeden Stein genau einpassten. Auch die Zusammensetzung des Mörtels war für sie kein Problem, Quarzit stößt Mörtel sonst ab.
Im Institut für Denkmalpflege in Halle war die Erkenntnis gereift, dass diese frühe Malerei in unserer Kirche einen einmaligen Schatz für die DDR darstellen könnte, da im Magdeburger Umfeld nichts ähnliches mehr zu finden ist.
Man restaurierte ja gerade mit sehr großem Aufwand das Magdeburger Kloster Unser Lieben Frauen, in dessen hinterem Turmbogen noch geringe Reste vergleichbarer Malereien zu sehen waren.
Die dort arbeitenden zwei Restauratoren, Diplomrestaurator A. und Restaurator P. sollten nun für eine Woche, weiter im Auftrage des I.f.D. die Wandmalereien am Triumphbogen in Pretzien freilegen.
Dazu benötigten sie ein Gerüst. Und das war für uns ein großes Problem. Wir hatten mit großer Mühe Teile eines sehr einfachen Gerüstes besorgt durch pfarrbrüderliche Hilfe aus der Walloner-Kirche in Magdeburg. Aber wir hatten niemanden zum Aufstellen, es war Montag früh und alle bei ihrer Arbeit.
Die Restauratoren wollten aber nicht beim Aufbauen helfen. Ich machte das also mit meinem Mann selber. Hast Du schon mal ein Gerüst aus Ständern und Bohlen, mit Schraubschellen aufgestellt? Ich schraubte mit und nahm die Bohlen entgegen. Es war sauschwer, aber die Restauratoren sahen uns zu!
Nun wollten die beiden Herren mir zeigen, wie man freilegt. Herr P. setzte das scharfe Skalpell senkrecht an und schnitt sich ein Stück zurecht. "So, das mache ich heute" waren seine Worte.
Er setzte Kerbe an Kerbe und ließ nicht allzu viel von dieser zarten bemalten Schicht auf der Wand. Außer der Apsis ist alles andere auf eine gestrichene Kalkschicht gemalt, eben secco, d. h. trocken und daher äußerst empfindlich!
Woher ich das weiß? Ich stand daneben, weil ich meinte, ich könne den beiden Herren mal meine Technik zeigen, mit der mir ja die saubere Freilegung gelang! Aber da habe ich weit gefehlt.
Sie wussten es besser und richteten viel Schaden an.
Die Krönung war am Ende der Woche die Arbeit von Chefrestaurator C. aus Halle. Er schlug eine neue Methode vor: Strappo-Technik. Diese Technik war in Italien erfunden worden und hat sicher in anderen Fällen auf glattem Grund Wunder gewirkt. Ich hatte gerade davon gelesen und ahnte, was nun kam.
Mit warmem Leim wurde trotz meiner Warnung ein breiter Leinenstreifen an einer beliebigen Stelle an der Chorwand aufgeleimt ganz oben über allen späteren Schichten. Als das kalt und fest war, wurde es abgezogen und es blieb

2. KAPITEL

nichts auf der Wand. Der Leim hatte alles durchdrungen, auch die feine Malerei und die dünne Secco-Schicht.
Es gruselt mich noch heute, wenn ich an all das denke.
Wieviel ist durch solche Experimente verloren gegangen!
Ich hatte eine ganz einfache, aber anstrengende Methode zur Freilegung der Malerei angewendet: Ich winkelte meinen linken Unterarm an und stützte damit meine rechte Hand. Mit dem Skalpell konnte ich nun sanft auf mich zu die Schichten sprengen, ohne die Wand zu berühren oder zu drücken. Das klappte fast überall und meine Erfolge sprachen für mich.
Aber weder schauten sie mir zu, noch fragten sie mich danach. Sie wussten es besser.

Krassestes Beispiel für die unterschiedlichen Freilegungsmethoden der Restauratoren.

*Die Fläche befindet sich an der Schiffswand nach Osten, ganz oben:
Der arme Mann am Tisch des Reichen.*

2. KAPITEL

Vater Kersten R

Er hat einen ganz rühmenden Platz in unseren Erinnerungen verdient. Ich hörte, der alte Herr Kersten, einer der wenigen Bauern im Ort, habe Geburtstag. Also ging ich hin. Die Familie saß gemütlich beim Kaffee in der guten Stube beisammen. Die Schwiegertochter stammte aus der Altmark und hatte ihm schon von unseren Arbeiten dort erzählt.

„Du bist also der neue Pastor hier! Wie heißt Du denn?"

Ich sagte meinen Namen, er bot mir das DU an: „Kannst Vater zu mir sagen"! Er war doppelt so alt wie ich. Und dann sagte er Worte zu mir, die ich nicht vergessen werde:

„Wir beide bringen die Pretziener Kirche wieder in Ordnung, ja?" Er hat das wahr gemacht. Er hat von seinem 70. bis zum 90. Lebensjahr mitgearbeitet und alle Erfahrungen seines Lebens mit viel Fantasie, Witz und Energie in dieses Bauwerk gesteckt. Hatten wir doch oft nur die einfachen Mittel zur Verfügung wie seinerzeit die Mönche. Aber er konnte unglaublich arbeiten.

Stets hatte er eine Zigarre im Mund. Die Gespräche mit ihm über seine Erlebnisse im Krieg und über sein Leben wären ein eigenes Buch wert. Wir wurden bei dieser Arbeit zu guten Freunden. Viel verdankt die Gemeinde Pretzien gerade diesem Mann.

Lebenssatt betteten wir ihn 1998 mit fast 96 Jahren zur letzten Ruhe.

Pfarrer Meussling und Vater Kersten beim offiziellen Abschied als Kirchendiener 1992.

2. KAPITEL

Im Pfarrhaus   M

   Gleichzeitig geschah so vieles andere, dass ich nur andeuten kann, was eben im Pfarrhaus so los ist: Christenlehreunterricht der 6 bis 12-jährigen Kinder im Gemeinderaum, Unterricht der Konfirmanden, mein Mann hatte starke Jahrgänge - 25 Halbwüchsige in drei Gruppen, viele Beerdigungen, vorher Besuche und Gespräche, viele Hochzeiten und Taufen, die immer gut besuchten Frauenkreise in den drei Dörfern, damals immer abends, Straßensammlungen in allen Orten waren zu organisieren. Dann liefen noch drei Orgelbauwochen den ganzen Sommer in Plötzky an der Orgel, später sogar an der kleinen Ranieser Orgel, d. h. vier oder fünf Studenten schliefen während der Nächte in jeweils einer Woche lang in Schlafsäcken in unseren Bodenkammern. Kantor Schultz aus Gardelegen leitete sie beim Reparieren der Orgel an.
Mehrfach hatten wir große Einsätze mit den Jugendlichen vom Magdeburger Dom, je Freitag bis Sonntag.

Wenn es in Pretzien in der Kirche eine Besprechung mit den Herren der Denkmalpflege aus Halle gab, servierte ich immer Kaffee und Kuchen dabei, denn das dauerte jeweils lange.
Und ich hatte ja die Aufnahme in den Verband Bildender Künstler beantragt, mußte meine vier Dokumentationen zu den sauber ausgeführten Arbeiten pünktlich abliefern, hatte eine große Werkstattbesichtigung mit den Kollegen der Zulassungskommission. Alle vier Arbeiten wurden angesehen. Die Kollegen nickten mir zu, das klappt und dann kam - die Absage.
Wer hatte da wohl dagegen gestimmt? Ich habe es erst nach der Wende erfahren! Es war nur einer. Man ließ mich noch bis 1980 warten.
Und die Familie und Familienbesuche gab es auch noch und wollten nicht vernachlässigt werden.
Es war wahrlich nicht einfach, aber mit Gottes Bewahrung kamen wir unbeschadet über manche Klippe, bis eines Tages für Pretzien der Baustopp schriftlich kam.

Die Restauratorin Maria Meussling in ihrer Werkstatt.

2. KAPITEL

Baustopp M

Als Nachwirkung des Byzantinischen Kolloquiums in Halberstadt hatte ein westdeutscher Gast einen großen Artikel mit Hilfe meiner Unterlagen in einer westdeutschen Kirchenzeitung platziert. Dieser Artikel wurde dann von anderen westlichen Zeitungen übernommen. Wir erfuhren das nur von Freunden, die uns den Artikel begeistert zusandten und befürchteten schlimme Konsequenzen.

Am 10. Mai fand in Magdeburg im Remter des Domes ein Benefizkonzert mit Volker Bräutigam an der Orgel und Christian Vogel, Gesang, beide aus Leipzig, für unsere Kirche statt.

Anschließend zeigten wir Dias von unseren Bauarbeiten. Es war sehr gut besucht und brachte ein erkleckliches Sümmchen für St. Thomas Pretzien. Wir berichteten mit Dias in der Katholischen Gemeinde in Schönebeck, auch dort wurde für unsere Gemeinde gesammelt. Pfarrer Kraning überreichte uns 1.000,- DDR-Mark.

Das war ganz großartig für uns und wir waren dankbar für diese Unterstützung. So machten viele Menschen Reklame für die Rettung unserer Kirche. Nur die DDR- Zeitungen durften keinen Artikel oder Hinweis bringen.

Unvermutet besuchte uns ein hoher Vertreter des Rates des Bezirkes Magdeburg. Die zuständigen Beauftragten für Kirchenfragen vom Rat des Kreises kamen sowieso in regelmäßigen Abständen, um Meinungsumfrage abzuhalten. Wir hielten mit unserer Meinung nicht zurück.

Herr B. aber besuchte uns im Auftrage des Vorsitzenden des Rates des Bezirkes.

Er leitete die Abteilung für Kirchenfragen und kam um heraus zu finden, was wir mit dieser Kirche vorhätten.

Mutig erzählten wir von unseren Sorgen und von den Planungen für dieses Gebäude.

Während des Gespräches ging mein Mann kurz nach draußen, um etwas zu holen.

Da sprach er mich direkt an: „Warum bleiben Sie eigentlich hier? In vier Wochen wären sie mit den Kindern und ihrem Mann in der BRD. Ihr Mann dürfte als Pfarrer arbeiten und Sie wären in ihrem Beruf als Restauratorin ganz frei. Sie brauchen nur Ja zu sagen. Alles andere klären wir für Sie. Besprechen Sie das in Ruhe mit Ihrem Mann. Ich frage bald nach".

Ich war erschlagen, mir wurde ganz schlecht. Als mein Mann wieder herein kam, sprach Herr B. ganz normal weiter, als hätte er nichts Besonderes gesagt.

Ich bat gleich meinen Mann nach draußen, erzählte ihm das alles.

Wir waren beide hoch empört. Mein Mann sagte dann klipp und klar: „Meine Frau hat mir alles erzählt. Das kommt für uns nicht in Frage. Unser Platz ist hier. Gerade hier brauchen uns die Christen. Gott hat uns an diesen Platz gestellt. Wir bleiben!"

Er kam sogar später noch einmal. Ob wir es uns nicht doch überlegt hätten. Oder wollte er unsere Lauterkeit prüfen?

Es gab ja einige Pfarrer, die auf so ein Angebot eingegangen sind.

Es kriselte stark im Verhältnis zwischen Kirche und Staat, da die Kirche in vielen Arbeitsbereichen immer weiter eingeengt wurde.

Es wurde dennoch bekannter, was wir in der Kirche machten.

Und so flatterte uns zum Jahresende 1975 ein Schreiben herein, das über den Rat der Gemeinde Pretzien kam:

„Mit sozialistischem Gruß …"

Das I.f.D. in Halle unter Chefkonservator Dr. Berger hatte den Antrag auf Wiederaufnahme

2. KAPITEL

unserer Kirche in die Denkmalliste der DDR an das Ministerium für Kultur in Berlin gestellt.
Die Kirchengemeinde Pretzien hatte einen Antrag auf Genehmigung eines Einbaues in die Kirche gestellt als beheizbare Winterkirche.
Der Erfolg war von ganz oben das Verbot aller Arbeiten an der Kirche.
Was hieß das nun für uns? Zuerst ließen wir uns beide beeindrucken und blieben zu Hause, es gab genug anderes zu tun.
Aber dann nutzte ich ab März die Ruhe im Raum, um mal alle anderen Flächen genau zu untersuchen. Die Kirchentüre blieb eben zu. Sicher wurde ich beobachtet, aber das war mir egal.
Ich kletterte auf die hintere Empore und suchte dort an den Seiten im Bogen, wo mittig die Orgel gestanden hatte.
Und ich fand nur wenig überstrichen rechts im Bogen eine merkwürdige sehr zerstochene Darstellung von kleinen Teufeln.
Sie war mit anderen Farben gemalt als an den vorderen Wänden, etwas naiver, aber schön.
Sie endete auch nicht an der Empore und reichte weiter hinab.
Ich holte mir eine Taschenlampe, denn nun mußte ich in der dunklen Kammer im mit Türen und Brettern zugebauten Turmraum weiter suchen.
Dort war die Malerei gar nicht übermalt, aber eben versteckt!
Das war noch niemand aufgefallen, auch mir nicht.
Das Ganze bildet die jetzt schön zu sehende Seelenwaage mit dem Erzengel Michael, den vielen Teufeln und Maria rechts auf einem Sockel stehend. Von der köstlichen Darstellung sind viele ganz begeistert.
Und daneben an der Nordwand des Schiffes, da konnte ich noch heranreichen von der hinteren Empore aus, kam auch noch Malerei heraus, etwa dreimal überstrichen. Es ergab den Christophorus, vier Meter hoch, in der Mitte leider durch die Balken der Empore zerteilt und zerstört.
Diese Funde änderten für uns nun alles!
Die Pläne, unter der Empore einen Gemeinderaum einzubauen, verwarfen wir endgültig. Man kann ja einen Gemeinderaum auch extra bauen, vielleicht vorne im tieferen Bereich oder sogar an die Kirche anbauen?
Die Denkmalpfleger hatten die rettende Idee: man könnte doch das noch sichtbare zugemauerte Nordportal öffnen und dort nach hinten einen Gemeinderaum ins Grüne anbauen. Dann würde er am wenigsten auffallen und die Wirkung der Kirche von außen nicht negativ beeinflussen. Der Gedanke gefiel uns allen sehr.

Pretzien im Fernsehen M

Trotz gültigem Baustopp gab es große Besprechungen in der Kirche mit den Herren der Denkmalpflege, den Restauratoren, den Vertretern des Konsistoriums und auch mit meinem Mann.
Alle Amts-Restauratoren vertraten lauthals die Meinung, man könne diese Wandmalereien so überhaupt nicht stehen lassen. Die weitere Freilegung sei ganz zu unterlassen und alles, was jetzt schon frei liegt, wird wieder überstrichen. Man könne die Wandmalereien besser unter einem Anstrich erhalten.
Sie diskutierten eifrig über die Methoden des Überstreichens. Darüber wurde bis zum Abschluß der Freilegung im November 1977 immer wieder geredet. Aber nicht mit mir.
Ich arbeitete Woche für Woche weiter an den Malereien im hinteren Bereich der Kirche,

2. KAPITEL

Christophorus und Seelenwaage.
Die beiden anderen Restauratoren arbeiteten ab und an mal bei uns für wenige Tage und legten weitere Bereiche frei. Allerdings war es nie ein gutes Miteinander, obwohl sie in userm Pfarrhaus übernachteten und von uns versorgt wurden.
Ich begann genau aufzuschreiben, welche Bereiche ich und welche die anderen freilegten. Ihre Technik war zwar etwas besser geworden, unterschied sich aber deutlich im Ergebnis.
Manchmal weiß man ja gar nicht, warum man es tut, so ging es mir hier, aber abends notierte ich, wer welche Stelle freigelegt hat und das war gut so für die spätere Dokumentation, die der Diplomrestaurator A. aber nie anfertigte. Er ließ alle dafür entnommenen Proben in der Kirche liegen.
So begann ich eine eigene Dokumentation anzufertigen, es sind vier Bände geworden. Ich hob auch die Proben des Kollegen alle auf. Erst 1995 konnte ich sie dem nunmehr „Landesamt für Denkmalpflege" in Halle übergeben.
Am Dienstag, den 17. Juni 1975 passierte etwas ganz Erstaunliches. Ein Fernsehteam des DDR-Fernsehens erschien in der Kirche, um Bilder von der Freilegung der Wandmalereien und mich beim Freilegen aufzunehmen. Das fanden wir eher lustig. War das denn einfach so möglich? Eine Vereinbarung dafür unterschrieben wir noch rasch.
Als wir das dann Tage später im Fernsehen sahen, stellte der Reporter meine Arbeit und die meines Mannes als Arbeit des Kulturbundes der DDR hin, da waren wir platt!
Dem Kulturbund gehörten wir nie an, wir hatten damit nichts zu tun. Wie sich später herausstellte, hatte der Bürgermeister des Ortes, alle von uns und unseren freiwilligen Helfern geleisteten Stunden in etwa abgeschätzt und als Aufbaustunden seines Dorfes im Rat des Kreises angegeben. In der Presse wurde er sehr für diese große Leistung gelobt und die Prämie ging an die Kommune.
Ja, so war das damals und dieses Fernsehteam hatte uns der Lehrer Herr Kunze geschickt, der den Kulturbund im Ort leitete.
Trotzdem haben wir uns gefreut, haben wir doch so schon sehr zeitige Aufnahmen von unserer Arbeit, denn wir erhielten zu unserer Überraschung sogar einen Filmabzug davon.

Die sehr zerstörte Seelenwaage im Turmraum. Noch steht die Empore und verdeckt den unteren Teil.

Die Seelenwaage im Turmbogen nach der Entfernung der Empore, nach völliger Freilegung und Sicherung.

Die Seelenwaage im Turmraum nach vorsichtiger Ergänzung in Tratteggio-Technik.

*Der vier Meter hohe Christophorus an der Schiff-
nordwand nach der Freilegung*

*Christophorus im Schiff nach vorsichtiger
Ergänzung*

Der Rat der
Gemeinde Pretzien   Pretzien, den 29.12.1975

Herrn
Pastor Meusling
3301 Plötzky

Werter Herr Meußling!

Durch den Rat des Kreises wurden wir von einem Schreiben des Rates des Bezirkes informiert, daß in einer Beratung über die im Entwurf der zentralen Denkmalsliste aufgenommene Wandmalerei in der Kirche Pretzien, festgelegt wurde, auch die Kirche selbst als Denkmal der Kulturgeschichte für die zentrale Liste vorzuschlagen.

Das Institut für Denkmalpflege, Arbeitsstelle Halle, wird diesen Vorschlag dem Ministerium für Kultur unterbreiten. Damit ergibt sich die Konsequenz, daß keinerlei bauliche Veränderungen an der Kirche, einschließlich Anbau, durchgeführt werden dürfen werden dürfen.

Sie werden gebeten, bis zur entgültigen Entscheidung des Ministeriums für Kultur zu veranlassen, daß alle Baumaßnahmen zunächst eingestellt werden.

                    Mit sozialistischen Gruß

                            Ballerstedt
                            Bürgermeister

Abschrift:
zur Kenntnisnahme
dem
Institut für Denkmalpflege
Arbeitsstelle Halle
und dem
Kirchlichem Bauamt
Magdeburg

Oben: Während der Fernsehaufnahmen im Juni 1975

Unten: 15. August 1975 - Zwischenzustand während der Freilegung der Malerei

Eine aufgegebene Kirche, eine Pfarrfrau und die Denkmalpflege

Wenn man hinter Plötzky im magdeburgischen Naherholungsgebiet aus dem Wald kommt, sieht man die Pretziener Kirche. Sie hat einen breiten, behäbigen Turm. „Wie die Tante Anne", sagte mein Neffe, als er sie zum ersten Mal sah. An einem freien Sonntag war ich einmal dort im Gottesdienst. Auf einem Trampelpfad durch mannshohes Gebüsch und Unkraut kam man zum Eingang. Ein Ältester hatte am Morgen mit der Sense den Zugangsweg ein bißchen verbreitert. Das Innere der Kirche war nicht sehr freundlich. Gut, daß ein paar Leute aus dem Dorf und einige Bungalow- oder Zeltbewohner trotzdem fröhlich sangen. Der Kreiskirchenrat hatte beschlossen, die Kirche aufzugeben. Ich könnte mir denken, daß ich selber so einen Beschluß mitgefaßt hätte. Der alte Pfarrer war weggezogen. Zur Gemeinde gehörten drei Kirchen, von denen zwei baufällig waren. Es stand eine lange Vakanzzeit bevor Die anderen Pfarrer hatten mit ihren eigenen Kirchen genug zu tun. Die Renovierung würde über 50 000 Mark kosten. Wer sollte die aufbringen? Also: was lag näher, als diese Kirche aufzugeben, zumal die Kirche im nächsten Ort nur eine Viertelstunde Fußmarsch weit weg ist und es im Dorf selbst eine Friedhofskapelle gibt.

Schneller, als alle zu hoffen gewagt hatten, kam ein junger Pfarrer. Aus der Altmark. Er hatte dort schon vier Kirchen renoviert. Sein Soll war also erfüllt. Er wollte jetzt eigentlich einmal nicht mehr Kirchen, sondern Gemeinde bauen und nur Pfarrer sein. Aber die Kirche aufgeben? Im Naherholungsgebiet? Und seine Frau, eine in den Erfurter kirchlichen Werkstätten ausgebildete Restauratorin, hatte das Gefühl, an dieser Kirche könnte mehr dran oder drin sein, als der Augenschein verriet. Pretzien war immerhin wahrscheinlich der Sommersitz der Magdeburger Bischöfe. Fachleute, denen sie das sagte, lächelten mitleidig. Dieses mitleidige Lächeln ärgerte sie. Ärger ist manchmal schöpferisch. So begann sie zu kratzen. Nicht etwa die lächelnden Fachleute, sondern an der grau-blau-grün bemalten Innenwand der Kirche. Und da kam zum Vorschein: alte Farben. Sie kaufte sich ein Skalpell, wie es die Augenärzte benutzen, und kratzte — vorsichtig Millimeter hoch zwei, um Millimeter hoch zwei. Freunde bauten ihr ein Gerüst. Sie hat inzwischen 900 Stunden unentgeltlich gearbeitet. Sie benachrichtigte die Denkmalpflege, die sofort erkannte, daß hier unter den Farbschichten von Jahrhunderten etwas verborgen war, was seinesgleichen zumindest in der DDR nicht hat.

Und nun arbeitet sie unter der Leitung und großzügigen Förderung der Denkmalpflege (und wird für ihre schwere, Geduld und Sachkenntnis erfordernde Arbeit auch bezahlt). Das Fernsehen der DDR hat am 9. September eine erste Sendung aus dieser Kirche gebracht.

Ich war dieser Tage im Urlaub dort. Die Restauratorin und Pfarrfrau stand auf dem Gerüst, ein bißchen angegriffen aussehend. Ihr Mann und ein paar Freunde aus den Bungalows hielten mit. Die Kirche war eine einzige Baustelle. Ihr Mann hatte mit Hilfe von Gliedern der Magdeburger Jungen Gemeinde die Emporen abgerissen, die die Wandmalereien verdeckten. 6000 Stunden sind in Eigenleistung von Gliedern der Gemeinde bisher gearbeitet worden. Was inzwischen von den vermutlich aus der Zeit um 1225 stammenden Fresken freigelegt worden war, ist einfach hinreißend. In der Apsis Christus in einer Regenbogen-Mandorla und Johannes und Maria, die Gesichter, als seien sie vor kurzem gemalt. An einer der Wände eine Darstellung des Jüngsten Gerichts: ein Engel hält die Waage, auf deren einer Schale sich die Erlösten befinden und auf der anderen die, die den Ruf Christi nicht haben hören wollen. Kleine Teufel versuchen, die Entscheidung zu hintertreiben, indem sie den Waagebalken hochzudrücken versuchen, an dem die Schale mit den Erlösten hängt, und indem sie sich auf den Balken setzen und ihn zu beschweren versuchen, auf dessen Waagschale sich die befinden, die zu leicht befunden wurden. An der Hinterwand eine große Christophorusgestalt, die durch einen Elb-Arm schreitet. Aber ich darf nicht zu viel erzählen…

Wenn das Innere dieser Kirche fertig ist, wird die Gemeinde die gemalten Glaubenszeugnisse aus der Zeit vor 700 Jahren betrachten können, vielleicht, wenn die Predigt ein bißchen zu lang geraten ist. Vor 700 Jahren haben ihre Väter und Mütter im Glauben angesichts dieser Bilder das Evangelium gehört und Gott gelobt. Und diese Kirche wird das Ziel der Kunsthistoriker werden. Es werden Diplom- und vielleicht sogar Doktorarbeiten — jedenfalls gelehrte Aufsätze über diese Fresken geschrieben werden. Sie werden in Bildbänden erscheinen. Ich hoffe, daß nirgendwo der Name der Pfarrfrau verschwiegen wird, der wir es verdanken, daß uns diese künstlerischen Zeugnisse unserer Vorfahren zugänglich gemacht wurden. Sie heißt übrigens Maria Meußling.

Mit diesen Zeilen möchte ich dem jungen Pfarrer-Ehepaar ein kleines Loblied singen und allen denen, die ihre Dorfkirchen mit ebenso viel Liebe und ebenso großem Einsatz instand gesetzt haben, auch wenn dabei keine so wertvollen Fresken zutage gefördert worden sind wie in Pretzien.

Werner Krusche

Kopie des Artikels unseres Bischofes Werner Krusche in „Die Kirche" vom 26. Oktober 1975

Bischof Werner Krusche predigte auch gerne mal in Plötzky in der Kirche, wie hier Pfingsten 1989

3. KAPITEL

Endlich Land in Sicht

Fußboden und Mensa M

Am 24. Juni kam dann aber für uns in Sachen Kirche Pretzien die entscheidende Wende, ein erster Lichtblick.
Landeskonservator Berger vom I.f.D. machte Vorschläge für einen neuen Fußboden. Damals war gerade ein Versuch öffentlich geworden, auf der Wartburg bei Eisenach einen gegossenen mittelalterlichen Gipsestrich nach zu arbeiten. Das war auch im Magdeburger Dom im oberen Bischofsgang mit gutem Erfolg ausprobiert worden. Und nun sollten wir in den Genuss kommen. Denn in dieser Kirche ist der Boden ja mal so gewesen, zumindest im Chorbereich. Wir hatten einen großen Rest davon gefunden bei den Ausgrabungen.
Bei den schwierigen Funden von Stufen und Lettnerresten würde doch ein gegossener Fußboden auch am Besten zu arbeiten sein und prima wirken.
Wir schöpften wieder Mut. Nach so langer Zeit des Abbaus - endlich ein positives Signal, denn die Kosten dafür übernahm das Institut für Denkmalpflege Halle. Die Arbeit sollte der VEB Denkmalpflege unter Hans Schuster in Magdeburg übernehmen. Heute würden wir sagen: ein Pilotprojekt!
Aber es zog sich bis Erntedankfest hin, wo ich ein Spiel mit vielen Kindern vorbereitete und spielte und das Ganze auf dem fest getrampelten Restfußboden mit improvisiertem Altar, wenigen Bänken und Stühlen.
Danach ging es los. Der Platz für den neuen Altarblock - die Mensa - wurde von den Stuckateuren des VEB Denkmalpflege am ursprünglichen Platz ausgemessen, ein Unterestrich gestrichen, der Block wurde aus klosterformatigen Steinen von unseren Maurern aufgemauert und massiv gefüllt.

Die sehr schwere ursprüngliche Altarplatte war ja leider für den Kanzelaltar gekürzt worden, aber die alte Reliqienvertiefung ist noch vorhanden.
Wir hatten richtig Bange, wie die Handwerker wohl diese schwere etwa 30 Zentner wiegende Platte heben würden und beobachteten das Ganze voller Sorge.
Da kam wie so oft der alte Vater Kersten mit den besten Ideen zu Hilfe. Man baute eine Rampe aus gekreuzten Balken und hob so Etage für Etage den Stein an und er drückte ihn dann mit einem eigenartigen krummen Stock auf den richtigen Platz. Dieser stets fröhliche alte Mann hat uns immer mal wieder total verblüfft!
Nun konnte der Bereich bis zur ersten Stufe - also Apsis und halber Chor - mit Unterestrich vorbereitet werden.
Aber da wurden die Magdeburger Handwerker abgezogen.
Den so wichtigen Mischer nahmen sie mit.
Wir brauchten doch aber für die kommenden Feste zu Ewigkeitssonntag und für die Weihnachtszeit einen Fußboden in der Kirche!
Wieder halfen dann die Jugendlichen vom Magdeburger Dom ganz entscheidend weiter. Mein Mann hatte einen kircheneigenen Beton-Mischer besorgt.
Die Jugendlichen mischten und strichen den Unterestrich an den Wochenenden.
Nun half alles, was helfen konnte, Pretziener Männer mischten jeden Tag weiter, denn es war ja schon November und es wurde immer kälter.
Dann kam furchtbarer Nebel auf. Ich sehe immer noch den Pretziener Alfred Eckstein mit der Schubkarre den Estrich in die Kirche fahren und Vater Kersten am Mischer, stets mit der Zigarre im Mund. Vater Kersten war jeden Morgen der Erste und abends der Letzte auf der Baustelle.

3. KAPITEL

Es waren immer noch hintere Bereiche zu gießen. Es wurde Abend, es gab noch kein Licht, wenn auch die Leitungen schon im Boden lagen. So stellte mein Mann den Trabant mit angeschaltetem Scheinwerfer vor die offene Kirchentüre und der Rest konnte fertig gegossen werden. Es war unwahrscheinlich anstrengend. Nun mußte nur noch alles abtrocknen.

Lockt vielleicht Musik?   R

Am ersten Adventssonntag 1975 hatten wir das erste Konzert in der Kirche. Die Stühle holten wir aus der direkt neben dem Kirchhof stehenden ehemaligen Gaststätte. Bänke gab es keine mehr.
In denen hatte der Holzwurm so gewütet, dass sie nur noch als Schuppenbretter taugten. Wir Männer hatten gleich am Kirchhofeingang einen Schuppen für Material und Werkzeug daraus gebaut.
Aus dem Pfarrhaus in Gommern wurden Stühle geborgt. Teils kamen die Menschen mit Camping-Stühlen an und es wurde ganz voll.
Das Konzert war wunderbar. Frau Bense, eine großartige Flötistin aus Magdeburg hatte den Domkinderchor mitgebracht, die wundervoll sangen, sowie einige Kinder mit Flöten. Nur entsetzlich kalt war es, da die Luftfeuchtigkeit noch ganz schön hoch lag. Zwischendurch las ich besinnliche Texte zum Advent. Zum Schluss sangen wir gemeinsam ein Weihnachtslied.
Die Wirkung in dieser nun völlig veränderten Kirche, mit den Wandmalereien und dem gerade erst wieder gebauten Altartisch, war hervorragend.
Zwei große Kiefern seitlich schmückten den Raum. Die Christenlehre-Kinder hatten Sterne und Ketten gebastelt als Schmuck. Endlich hatten wir wieder ein Kreuz auf der Mensa. Es waren ja nur zwei Jahre vergangen, aber es war doch so viel geschehen inzwischen!
Glücklich saß das Publikum in dem so behelfsmäßigen Raum. Sehr dankbar sprach ich zu den vielen Besuchern dieser ersten Musik und später am Heiligen Abend. Es war uns überraschend klar geworden, der Weg über die Musik würde die Herzen der Menschen öffnen.
Das wollten wir weiter so im Blick behalten.

1976 - das intensive Jahr   M

Hatten wir gemeint, die ersten beiden Jahre seien anstrengend, so übertraf das Jahr 1976 alle anderen bei weitem.
Dabei ließ es sich ruhig an.
Ich hatte ganz viel Arbeit in meine Restaurierungswerkstatt bekommen. Damals arbeitete ich häufig für die Katholische Kirche für Prälat Solbach in Magdeburg. Es war eine große Nikolausfigur und eine Madonna aus der Gotik zu konservieren.
Da wir für alle durchgeführten Arbeiten in der Pretziener Kirche die Rechnung oft erst Monate später erstattet bekamen, habe ich mit dem Ertrag meiner Werkstatt aushelfen müssen.
Damit ich mehr Ruhe zum Arbeiten hatte, nahm ich mir eine Reinigungskraft für meinen Haushalt. Das habe ich dann später beibehalten und auch viel Glück mit zuverlässigen Frauen gehabt. So war es für mich doch eine große Erleichterung.
Konnte ich mich doch ganz auf die Arbeit in meiner Werkstatt konzentrieren.

Erste entscheidene Etappe: Handwerker des VEB Denkmalpflege Magdeburg legen die schwere Altarplatte auf die Mensa.

Der Fußboden in der Apsis ist teilweise gegossen. Die neue Mensa ist aufgerichtet, der Rest-Lettner wurde gemauert.

3. KAPITEL

Wenn dann die Kinder aus der Schule kamen, ging´s sowieso rund.
Oft machten sie gleich die Hausaufgaben an einem extra Tisch neben mir oder malten. Sie lernten so jede Menge über Kunst gleich mit. Wenn sie im Bett waren, mußte ich noch weiter an den verschiedenen Kunstwerken arbeiten, um alles zu schaffen. Das ging so bis Anfang Mai. Dann arbeitete ich wieder in der Kirche Pretzien weiter. Es war noch viel an den Wänden freizulegen.
Ich konzentrierte mich auf die Chorwände. Nur durch die bereits freigelegten Wandmalereien wurde das I.F.D. in Halle gezwungen, einzusteigen und weiter Restauratoren zu schicken.

   Wir warteten aber inzwischen darauf, ob die Genehmigung für den Anbau an die Pretziener Kirche kommen würde. Im Inneren sollte es weiter gehen, das wurde erlaubt.

Die Turmsicherung R

Es gab inzwischen noch andere schwerwiegende Probleme in der Kirche zu lösen: Als wir hinten die defekte Orgel und die Orgelempore mit Hilfe der jungen Leute abgebaut hatten, stellten wir fest, dass man schon im Mittelalter in der Kirche mit Rißbildung zu tun hatte. Man hatte deshalb unter den eigentlich zur Kirche offenen Turmbogen eine stabile breite Säule aus klosterformatigen Backsteinen zur Turmabsicherung gebaut. Aber ohne Empore brauchten wir genau diesen Platz für die neue Orgel! Denn auch die hatten wir schon in der Planung.

   Vor allem sollte der romanische Raum wieder zur Wirkung kommen. Also sollte die Säule möglichst entfernt werden.
Wie löst man so etwas? Da hatte unser Plötzkyer Förster Steinich, mit dem wir befreundet waren, eine geniale Idee: "Mein Freund in Dresden ist der bekannte Statiker Herr Preiss."
Wir kannten ihn aus der Zeitung. Er war ein so berühmter Fachmann, dass er ins „nichtsozialistische" Ausland reisen durfte, um in Pisa in Italien an den Berechnungen zur Sicherung des Schiefen Turmes und am Collosseum in Rom mitzuwirken! Der Förster rief ihn an und siehe da, er kam sofort zu uns.
Er erhielt den Auftrag für die Berechnung einer Bewehrung oberhalb des Bogens im Dachbereich von der Denkmalpflege.
Aber er gab den Auftrag der Berechnung an den Architekten Herrn Sußmann ab, der machte sich fleißig an die Arbeit. Herr Preiss kontrollierte alles.
Für diese Bewehrung sollten 26 Bohrungen quer durch das fast zwei Meter dicke Turmmauerwerk durchgeführt werden, dadurch sind Bewehrungseisen zu schieben. Die Eisen werden auf beiden Seiten verschraubt und verflochten, eine Schalung darum gebaut und das Ganze dann mit Beton ausgegossen. Auf beiden Seiten entsteht so ein starker Balken, der das Bogengewicht abfängt und auf die Seiten überleitet.
Klingt toll, nicht wahr?
Aber so etwas unter unseren DDR-Verhältnissen durchzuführen, grenzt an ein Wunder! Und das mit Laien, wir konnten keine Fachfirma dafür beauftragen!
Thomas kannte einen, der beim Autobahnbau genau solche Arbeiten machte.
Dort durften sich die mutigen Männer, Thomas, Harald, Werner, die notwendige Bohrtechnik leihen und einige Bohrer dazu.

3. KAPITEL

Aber nur bis Sonntagabend! Montag mußte alles zurück sein!
Ich holte die schwere Bohrtechnik im Trabant aus einem Magdeburger Betrieb ab. Die nötigen Pressluftgeräte borgte uns die Werkstatt vom Pretziener Wehr.
Am Freitagabend begannen die jungen Männer die Löcher zu bohren. Sie arbeiteten gewaltig da oben im Turm und auf dem Kirchenboden. Da mag sich mancher im Dorf gewundert haben, man hörte es weithin. Die Männer lösten sich ab, auch die beiden Nächte durch. Aber es war schrecklich: die Bohrer brachen einfach ab, einer steckt noch heute darin. Denn was keiner ahnte: Das so dicke Mauerwerk war Schalenmauerwerk, teilweise innen nur mit Kalk gefüllt. Die lockeren Steine darin drehten sich einfach mit!
Es war eine Wahnsinnsarbeit, alle waren am Ende ihrer Kraft. Ich hatte auch am Sonntagvormittag zwei Gottesdienste zu halten. Dann verschwand ich wieder da oben, um die anderen abzulösen.
Meine Frau hat, wie so oft, für alle gekocht. In der Kirche wurde gegessen, teilweise gleich auf einer alten Matratze geschlafen. Bis zum Sonntagabend waren alle 26 Löcher gebohrt und alle Eisen durch die Mauer getrieben. Wir hatten riesige Angst, dass dabei etwas schief gehen könnte. Aber alles hat gepasst, trotz der verklemmten Bohrer.
Wochen später wurde dann das Ganze verschalt und ausgegossen. Da war unten im Raum gerade von den Magdeburger Stuckateuren des VEB Denkmalpflege der Fußboden fertig geworden.
Kies für Beton bekamen wir aus den nahen Gruben. Aber Zement war ein schlimmes Problem, 80 Sack? „Nee, gibt's nicht", sagte man in der BHG (Bäuerliche Handels-Genossenschaft). „Da liegt aber eine Sorte rum, die will keiner haben", sagte die Verkäuferin. Es war genau die Sorte, die wir brauchten. Wunder über Wunder.
Wie aber bekommt man gemischten Beton auf den Kirchenboden? An eine Betonpumpe, wie das heute gemacht würde, war nicht zu denken. Die Männer arbeiteten wie die Mönche im Mittelalter! Sie bauten eine geniale Zugvorrichtung, indem sie im Bretterboden des Turmes ein Stück aussägten und dort die mit Beton gefüllten Metalleimer in die Höhe zogen, direkt neben der abzubauenden Säule. Rolle, Seil und Speckhaken waren die einzigen Hilfsmittel.
Der erste Eimer, gut gefüllt, fiel aus großer Höhe gleich wieder herunter, er war zu schwer, der Henkel war abgerissen. Alles klatschte breit auf den gerade fertigen Boden!
Nun wurden nur halbvolle Eimer hochgehievt. Dadurch dauerte zwar alles viel länger, aber es ging gut. Auch das Mischen draußen vor der Kirche geschah ja von Hand. Viele Männer aus der ganzen Gegend haben da mitgeholfen für ihre Kirche. Ich kann nicht sagen, wie viele endlose Eimer nach oben mussten, aber es wurde geschafft! Irgendwann waren beide Balken gegossen. Und das alles mit nur zwei Betonmischern.
Der Ingenieur Herr Preiss konnte bei der Kontrolle der beiden Bewehrungsbalken nur noch staunen über diese enorme Arbeitsleistung! Und alles hält und das bis heute!

Erste Stemmarbeiten durch Rüdiger Meussling

Zwischenzustand im Herbst 1976. Die letzte Empore wird abgebaut, Gerüst für die Restauratorin rechts. Säule im Turmraum noch vorhanden. Die zwei Turmfenster leuchten in die Kirche.

Links: Die Säule soll abgebaut werden. Arbeitsbesprechung.

Rechts: Säule ist zur Hälfte abgebaut.

Nach dem Bohren durch den dicken Turmbereich wurden die Eisen durchgeschoben und werden hier verflochten und der Balken soll gegossen werden.

Alfred Eckstein und Vater Kersten mischen den Beton für den Bewehrungsbalken.

3. KAPITEL

Das Heilige Grab   R

Nach langer Trockenzeit im Herbst trauten sich die Männer an den Abbau der massiven Säule unter dem Turmbogen. Es dauerte einen ganzen Tag, die Säule war mit dicken Backsteinen gesetzt. Und dann das Erlebnis des freien Turmbogens! Es wirkte genial auf uns. Endlich war der Kirchenraum frei wie er einst gebaut war.

Es wurde nun richtig spannend. Würde wohl der Bogen hinterherkommen ohne Stütze? Er hielt, die alten Risse wurden neu verputzt. Sie sind nie wieder eingerissen!

Hinten im Turm nach Süden ist ein kleiner eingewölbter Raum mit schmalem Schlitzfenster. Er fiel uns jetzt erst auf. Die Kunsthistoriker hatten von einer Sakristei gesprochen.

Gleich am Anfang hatten wir gesehen, wie unwichtig dieser Raum zu sein schien. Dort lagen alte Dachsteine, Heizmaterial, viele alte Weihnachtsbäume und ein Hackklotz drin. Mein Mann holte diese Dinge heraus und fand dazwischen die uralte Wetterfahne, aber auch einen alten Klingelbeutel. Dieser muß mal wirklich schön gewesen sein, roter Samt, mit Silberborten bestickt, mit einer dicken Bommel dran, als Rand einen Zinnkranz. Die Stange zum Halten war zerbrochen. Bei Licht sahen wir die eingravierten Texte: „Christoph Werner + 1722, denn 1. April*…"

Diesen Klingelbeutel säuberte und reparierte ich und nähte ihn wieder an den Rand an. Mein Mann reichte ihn beim ersten Heiligabendgottesdienst in Pretzien zum Geldsammeln herum: „Aber er verträgt kein Kleingeld!" Alle schmunzelten und verstanden.

An der Ecke der kleinen Sakristei kam eine Putzritzung heraus, ein Christuskopf im Strahlenkranz, nun war uns schnell klar: Dieser Raum diente als Heiliges Grab!

Die schöne eisenbeschlagene Tür seitlich mit dem Holzschnappschloss hat sich erhalten, weil man sie nicht entfernen konnte.

Ganz wertvoll, wie Blütenblätter ist der Metallbeschlag gearbeitet. Die Tür ist eingemauert worden, samt Türangel, und kann nicht herausgehoben werden.

Der Eingang ist bewusst so niedrig gebaut, man wird ganz demütig beim Durchgehen.

Der Raum wurde zur Grablegung der Christusfigur am Karfreitag benutzt. Die vier Haken in der Decke konnten zum Anhängen für eine Bahre o. ä. benutzt werden.

Dorthin legte man unter der gesungenen Liturgie die meist lebensgroße Christusfigur und verschloss die Tür.

Am Ostermorgen mußte das Grab leer sein, wenn Gottesdienst gefeiert wurde.

Man konnte von oben vom Turm her die Figur entfernen, ohne den Raum zu betreten. Ganz raffiniert waren die Erbauer, denn das sieht man innen nicht. Das Fenster ist dort nur ein Schlitz, aber nach oben offen!

Man konnte jubilieren im Gottesdienst: „Das Grab ist leer, der Herr ist auferstanden!" Mittelalterliches Mysterienspiel dieser Art war in vielen Kirchen üblich. Es gibt noch eine ganz großartige Liturgie dafür in der Stiftskirche Gernrode, die am Ostermorgen um 6 Uhr dort gefeiert wird.

Ganz in der Nähe in der genauso alten Kirche in Möckern-Lühe ist ein ähnliches Grab wie unseres im Turmraum eingebaut und vollständig erhalten, sogar gotisch verziert!

An unserem Heiligen Grab sind an der Tür 10 cm hohe klosterformatige Backsteine verarbeitet worden. Es sind die einzigen Backsteine an der Kirche überhaupt. Diese Technik ist erst um 1200 entstanden.

Wieder lernten wir etwas vom Kirchenbau.

3. KAPITEL

Alles zur gleichen Zeit   M

Mein Mann hatte überraschenderweise Gelder zugesagt bekommen, die beim Rat des Kreises, Abteilung Kultur, abzurechnen wären. Auch dort hatten wir offene Ohren und Menschen mit Verständnis für die Besonderheit dieser Kirche gefunden.
So durften wir ganz schnell mit der Rekonstruktion der Fenster im Schiff und Chor in die romanische Form beginnen.
Das hatte mein Mann vorgeschlagen, um die Raumwirkung wieder dem Ursprünglichen anzunähern. Er stammt aus Arendsee und hatte die dortige wundervoll harmonische romanische Klosterkirche vor Augen mit den kleinen Fenstern.
Die Kunsthistoriker fanden das richtig und stimmten zu.
Die Fenster waren ja erst um 1800 beim Einbau der Emporen vergrößert worden, um auch unter den Emporen Licht zu haben.
Es galt wieder Gerüst zu besorgen, aufbauen, Steine besorgen, Kalk einmischen. Zuerst wurde von außen gearbeitet und von innen ergänzt.
Behauene Bruchsteine wurden aus einem Abrisshaus in Gommern gewonnen.
Die spätere Vergrößerung ließ an allen Fenstern die ursprüngliche Wandung zumindest noch ahnen. Manchmal war der obere Bogen noch vorhanden, sogar mit Putz. Das Fenster über dem Eingangsportal wies noch die originalen Maße auf. Wir stellten fest, dass alle Fenster 55 cm breit sind und 110 cm hoch. Das ist noch das frühe karolingische Fuß-Maß. Das setzt sich an den Kirchenwänden fort: 8 x 55, 10 x 55 cm.
All das spricht für die frühe Erbauungszeit der Kirche.
Ja, da war über dem Eingang sogar noch der echte Fensterrahmen der Romanik erhalten! Man hatte später einfach eine Scheibe davor gekittet Mein Mann fand den Rahmen, als er das Fenster reparieren wollte. Darunter war die Wand stark aufgerissen. Da konnte der alte Rahmen vorsichtig heraus gezogen und erhalten werden. Er hängt heute gut konserviert zwischen den Fenstern hinten in der Christophoruskapelle.
Die Arbeit an den Fenstern klappte unglaublich. Die Handwerker, alles erfahrene Maurer aus unseren Dörfern machten das prima. Die Arbeiten begannen im Mai und waren erst Ende August abgeschlossen. Gleichzeitig wurde an der ganzen Kirche außen der lose spätere Putz entfernt, die originalen Reste gesichert und danach die ganze Kirche neu verfugt.
Fenster für Fenster wurde fertig. Und wie das den Raum veränderte. Wir hatten ein Radio mit in der Kirche und hörten klassische Musik bei der Arbeit: Bachs 2. Brandenburgisches Konzert. Die Akustik in der Kirche war völlig anders, als vorher mit den Emporen. Es klang einfach großartig. Rüdiger meinte: „Das machen wir mal hier in der Kirche!" Ich hielt ihn für verrückt. Und er hat Jahre später genau das organisiert und uns liefen die Tränen dabei.
Mein Mann mußte im Kirchenkreis ganz normal seine Dienste tun und auch zu allen Konventen der Amtsbrüder fahren. Da kam er eines Tages davon wieder und sagte ganz niedergeschlagen: „Einige Amtsbrüder sind der Meinung, ich hätte von allen am Wenigsten zu tun. Sie haben mich zum Jugendpfarrer gewählt."
Sie hatten keine Ahnung, was bei uns alles lief! Aber er konnte gut mit den jungen Leuten umgehen.
So mußte Rüdiger auch noch zu Rüstzeiten mitfahren, auch Weiterbildungen mitmachen, es gehörte einiges dazu.

3. KAPITEL

In Plötzky, Pretzien und Ranies fanden regelmäßig die Frauenkreise statt. Die Frauen wollten auch ihre Gemeindefahrten organisiert haben.
Christenlehreunterricht war bis zu den Ferien zu halten. Um die Konfirmanden hatte Rüdiger sich zu kümmern, Hochzeiten, Taufen, Beerdigungen, alles sollte in guter Qualität weiterlaufen.
Manchmal war das für ihn kaum zu schaffen.
Den ganzen Sommer über kamen fast täglich schon Gruppen von überall her zu Führungen in die Kirche. Keine Ahnung, wer da für uns Reklame machte! Da wechselten wir uns beide ab, wer gerade da war, hielt die Führung.
Als dann im August der feine Estrich-Fußboden in der Kirche endlich fertig war, organisierte mein Mann gleich ein Konzert.

Die Aushänge dafür schrieben wir mit der Hand, verteilten sie an Bungalowgäste, die sie ihrerseits abschrieben und verteilten.
Bei einer christlichen Jugendsingwoche mit etwa 30 Kindern, die in Gnadau stattfand, hatte C. G. Naumann und Mechthild Wenzel, berühmte Kirchenmusiker der Kirchenmusikschule Halle, ein wundervolles Programm eingeübt und boten uns das am 28. August in unserer Kirche dar.
Es kamen 130 Gäste.
Sie waren vom Chor und der ganz neuen Akustik sehr angetan.
Gleich am Montag dann reisten wieder Restauratoren aus Halle an, diesmal noch mit Restauratorenverstärkung aus Quedlinburg.
Die Freilegungen sollten unbedingt fertig werden.

Diese Putzritzung mit dem Kopf des Christus fanden wir an der Ecke des Heiligen Grabes als wichtiges Zeichen.

Rechts: Blick in das Heilige Grab am Ostermorgen: Der Herr ist auferstanden.

Unten: Die geschlossene Tür zum Heiligen Grab mit Blattbeschlägen.

Die barocken Fenster werden entfernt und das Gewände in die romanische Form zurückgeführt. Über dem Eingang links ist das einzige originale romanische Fenster samt Rahmen erhalten. Es dient als Maß für alle anderen.

Kurze Arbeitspause, Rüdiger und Maria Meussling sowie Vater Kersten.

3. KAPITEL

Genehmigung am Taufstein M

Endlich am 9. September 1976 um 14 Uhr 30 sollte ein Gespräch mit Fachleuten der Denkmalpflege und staatlichen Vertretern in der Kirche Pretzien stattfinden. Sie ließen uns, die Vertreter des Gemeindekirchenrates und die Fachleute vom Kirchlichen Bauamt warten.
Da tauchte plötzlich Herr B. vom Rat des Bezirkes in der Kirche auf und wunderte sich, wie wir, das noch niemand von den staatlichen Vertretern da sei. Er wurde schnell von einer Sekretärin weggeholt. Die Anderen hatten sich bereits im Gemeindebüro beim Bürgermeister versammelt, um Vorabsprachen zu treffen, von denen wir nichts wissen sollten.
Und nach einer weiteren Stunde marschierte eine ganze Gruppe Herren in die Kirche.
Wir hatten auf Grund der Arbeiten keinen einzigen Stuhl in der Kirche. Es gab nur den Altar und den neu aufgestellten Taufstein in der Mitte. So stellten sich alle um den Taufstein.
Der Bürgermeister und die Herren vom Rat des Kreises waren uns bekannt, auch Herr Bellstedt und Chekonservator Berger aus Halle, aber die Anderen? Wir wissen nur, sie kamen aus Berlin! Es hat sich überhaupt niemand vorgestellt.
„Liebe Genossen, werte Freunde, Herr Pfarrer" sagte der Herr am Taufstein. Ich höre das noch immer.
Und zu unserer Überraschung teilte man uns mit, das die St. Thomas-Kirche Pretzien von nun an auf der obersten Liste der Denkmale der DDR stehe.
Und der Antrag auf den Neubau eines Gemeinderaumes als Anbau an die Kirche ist genehmigt!
Aber: Er darf von vorn nicht zu sehen sein, der Zugang darf nur durch die Kirche sein und wir dürften keinerlei staatliche Baukapazitäten, also kein Baumaterial und keinen Betrieb, binden!
Die Herren schauten sich noch kurz im Raum um und verschwanden wieder.
Am 17. Oktober waren auch noch Wahlen. Wir waren bis dato nie hingegangen. Nun mussten wir wohl nachgeben, aber es war ja keine Wahl. Man hatte einfach keine.
Wir hatten die Genehmigung für den Anbau nur mündlich, zwar vor vielen Zeugen, aber eben nur mündlich erhalten.
Erst nach der Wahl, am 28. Oktober, flatterte uns schriftlich die Genehmigung ins Haus.
Im Augenblick waren wir froh und glücklich, das endlich der Gemeinderaum, den wir ganz dringend benötigten, gebaut werden durfte.

Der Anbau wird vorbereitet M

Da bereits alle Pläne für den neuen Raum vom Architekten Herrn Sußmann fertig waren, konnte schon gleich begonnen werden.
Das Fundament wurde ausgeschachtet mit Hilfe von jungen Theologen vom Gnadauer Predigerseminar unter Studiendirektor Dietrich Bischoff. Die angehenden Pfarrer arbeiteten richtig mit Begeisterung.
Es wurde nun im ehemaligen, schon lange aufgegeben Friedhof, gegraben. Dabei blieb es nicht aus, dass Gräber gefunden wurden. Dabei arbeitete auch wieder der alte Vater Kersten mit.
Er passte auf die jungen Burschen auf.
Die alberten mit einem gefundenen Totenkopf herum und fanden kurz danach auch noch den dazugehörenden Grabstein. Es war der Großvater von Vater Kersten! Oh, war das peinlich. Alle schämten sich entsetzlich. Vater Kersten aber nahm es mit Humor.
Rasch wurde dieser Kopf wieder an anderer Stelle

3. KAPITEL

begraben, der Stein darauf gesetzt. Vater Kersten erzählte allen ganz lieb von seinem Großvater, der auch als Bauer gelebt hatte, wie er.
Das war schon eine Lehre für die jungen Pfarrer. Am 25. September arbeiteten 15 Helfer an den unteren Stützmauern, auf die der runde Gemeinderaum gesetzt werden soll. Der Raum wurde mit einem Durchgang von der Kirche geplant, wie es erwartet wurde. Eine kleine Küche sollte mit entstehen.
In der Kirche wurde indes mit drei Restauratoren und mir fleißig weiter gearbeitet. Am 28. September waren alle vorhandenen Wandmalereien fertig freigelegt. Es wurde bis 15. Oktober im Hohen Chor der Putz ergänzt. Nun wurde es zu kalt dafür.

Aber mit den Aktionen dort war noch nicht Schluss: Die Katholische Gemeinde von Schönebeck setzte eine Jugendwallfahrt zum Christkönigsfest in Pretzien an. Am 21. November nachmittags reisten etwa 220 Jugendliche aus dem ganzen Umfeld an. Nach einer schönen Messe spielte eine sehr laute Band heiße Rhythmen. Es war toll. Lagerfeuer und Tee wärmten draußen. Aber dabei hatte ich zum ersten Mal Angst um die alten Malereien, denn es rieselte bedenklich aus allen noch vorhandenen Rissen innen bei dem Lärm.
Da war unser Konzert am 27. November mit der Capella Academica Halensis doch von einer anderen Ehrwürdigkeit. Die unzähligen Gäste gingen sehr bewegt nach Hause.

Die Fensterrahmen   R

Bei den Veranstaltungen im November mussten wir mit Folien die in der romanischen Form rekonstruierten Fenster gegen die Kälte schließen. Auch den hinteren Turmbereich verdeckten wir mit einer riesigen Folie, damit es nicht so sehr zog. Denn noch gab es keine Glasfenster darin.
Wir bangten um die Malereien. Sollte den ganzen Winter über alles offenstehen? Der VEB Denkmalpflege in Magdeburg hatte mir gerade mitgeteilt, dass sie in diesem Jahr keine Kapazitäten für den Bau der Fenster mehr haben.
Zu mir kam ein Paar aus Ranies zum Traugespräch und ich fragte dabei auch nach ihren Berufen. Er und sie waren Modelltischler im Schönebecker Heizkesselwerk.
Ich zog eine Bauzeichnung für die Fenster aus der Schublade und fragte sie direkt.
„Die Fenster können wir ohne weiteres bauen, aber wir müssen unseren Brigadier fragen" sagten sie einhellig.
Schon am andern Tag sagten sie zu. Aber der Betrieb hatte kein Eichenholz, wie es nötig war. Wo aber konnte ich nun abgelagerte Eiche herkriegen? In der Nähe gab es ein kleines Sägewerk, in dem ein Kirchenältester arbeitete. Und dort hatte man, oh Wunder, 15 Jahre abgelagerte Eiche liegen! Das Holz war zwar für städtische Parkbänke vorgesehen, aber hier ging es um einen Notfall. Wir bekamen das Eichenholz.
Wir sägten die Bohlen auf die richtige Länge und beluden meinen Trabant. Da ging der Trabant wegen des Gewichtes fast in die Knie, aber das Holz mußte nach Schönebeck und in das Heizkesselwerk eingeschleust werden.
Der junge Mann aus Ranies erwartete mich an der Pforte des Betriebes. Der Pförtner erhielt ein Päckchen Westkaffee und ließ mich durchfahren bis zur Werkstatt.
Schon nach einer Woche waren die Fenster fertig und sollten von mir abgeholt werden, wieder

3. KAPITEL

heimlich wie beim ersten Mal.
Ich schaffte es prima bis zu der Werkstatt, bedankte mich bei allen Arbeitern. Sie hatten eine Woche nur für unsere Kirche gearbeitet im staatlichen Betrieb, es war unglaublich!
Mit Hilfe der Arbeiter wurden die Fensterrahmen in den Trabant gepackt, mit Decken zugedeckt und ergaben nun in der Form ausgerechnet etwa einen Heizkessel- im Heizkesselwerk! Und die kamen oft genug „abhanden". Mir klopfte das Herz bis zum Hals.
Wir fuhren vorsichtig in Richtung Betriebspforte, hatten uns gerade am Betriebsschutz vorbeigeschmuggelt. Da kam plötzlich einer der leitenden Mitarbeiter des Betriebes direkt auf unser Auto zu. Hatte er uns ertappt? Der Schweiß brach mir aus!
Zu meiner Überraschung grüßte er mich freundlich und tat, als hätte er nichts gesehen!
Später bei einer Taufe traf ich ihn wieder, er hatte mich mit meinem Zwillingsbruder verwechselt, mit dem er befreundet war. Er wusste auch vom Fensterbau in der Werkstatt. Ich kannte ihn bis dahin gar nicht.
So war manche Hilfe das reinste Wunder - Gottes Wege sind manchmal seltsam.
Die Fensterrahmen konnten noch vor Weihnachten denkmalgerecht verglast werden und wurden rechtzeitig zum Fest eingesetzt. Die Malereien waren gerettet und es zog nicht mehr durch.

Konzert der „capella academica halensis" 1977

4. KAPITEL

Arbeit bis zur Grenze

Ruhiger Winter 1977   M

Nach einer wunderbaren Bibelwoche im Januar im Kunstdienst Berlin unter Leitung von Pfarrer Hoffmann aus Potsdam hatten wir innerlich aufgetankt. Dort traf sich nämlich immer eine interessante Gemeinschaft von Pfarrern und Künstlern aus Ost und West. Nur alle 2 Jahre wurden wir eingeladen.
Dort haben wir die tollsten Leute kennen gelernt, zum Beispiel Pfarrer Joachim Gauck und Pfarrer Eggert, Freundschaften geschlossen mit vielen Künstlern aus Ost und West. Dabei war auch der Maler Hubert Distler aus Grafrath bei München. Wir erfuhren vormittags neueste theologische Erkenntnisse in tiefgreifenden Bibelstunden, nachmittags stellten sich die verschiedenen Künstler mit ihren Arbeiten vor. 1977 zeigten wir dort Dias von unserer Kirche und unserer Arbeit in der St. Thomas-Kirche Pretzien. Sie fanden große Beachtung.
So erlebten wir geistige und tatsächliche Weite eng aneinander gereiht. Abends gab es oft ein Theaterprogramm. Berlin war da bestens geeignet. Um Mitternacht brachten wir unsere westlichen Teilnehmer an den „Tränenpavillion" in der Friedrichstraße, also den Grenzübergang, zurück, wo wir sie morgens abgeholt hatten.
Von der Tagung kamen wir innerlich und äußerlich beschenkt glücklich heim.

Grundsteinlegung für die Kapelle   M

Nach gut mit Gemeindearbeit gefüllten Wochen im Januar und Februar 1977, Faschingsfeiern der Frauenkreise in allen drei Dörfern, Kindertage mit etwa 50 Kindern, Bibelwochen in vielen Dörfern, Konvent von Rüdigers Amtbrüdern mit anschließender Führung in Pretzien, besuchte uns überraschend der Oberkirchenrat Jungklaus aus Berlin mit seiner Frau.
Er war für die Gelder der Evangelischen Kirche der Union zuständig und informierte sich vor Ort über die Vorbereitung für den Gemeinderaum-Anbau. Hoch erfreut von allem Fortschritt sagte er uns weitere Unterstützung zu.
Wir waren froh, das Geld war für alles Weitere entscheidend.
Ein paar Tage später holten wir es in bar direkt bei ihm ab.
Da wir uns mit dem Auto nicht bis in die Berliner Innenstadt trauten, ließen wir den Trabbi in Schönefeld am Flughafen stehen und fuhren mit der S-Bahn. OKR Jungklaus drückte uns 27.000 DDR-Mark und etwas Westgeld für Sonderausgaben in die Hand.
Wir verstauten das in zwei Lederbrusttaschen und fuhren Hand aufs Herz - nein aufs Geld - mit der stets vollen S-Bahn zurück bis zum Auto.
Haben wir da gezittert, wenn das jemand gewusst hätte.

Nun wurde in Pretzien ab 1. April mit einem weiteren großen Einsatz mit den Gnadauer Predigerseminaristen an den Fundamenten weiter gearbeitet. Sie halfen auch im sonntäglichen Gottesdienst mit in der Kirche.

Uns beschäftigte dann das erste ganz große Gemeindefest für unsere Dörfer und das Bungalowgebiet: Die Grundsteinlegung für den Anbau am 17. April um 14 Uhr.
Oberkirchenrat Jungklaus von der EKU sollte nun auch den Grundstein legen dürfen. Die Predigt hielt Studiendirektor Dietrich Bischoff, damals in Gnadau.
Oberkirchenrat Jungklaus legte in den Grundstein die Plastekapsel, die wir vor aller Augen mit etwas aktuellem Geld, neuester Zeitung

Grundsteinlegung für den Anbau am 17. April 1977 mit großer Beteiligung.

Bild oben von rechts nach links vorne: OKR Jungklaus, Pfr. R. Meussling, Studiendirektor Bischoff, Maurer D. Händler

Handgeschriebene Erinnerungskarte mit Marienfoto für alle Teilnehmer der Grundsteinlegung.

Bild links: Grafik des Künstlers Wilfried Kiel aus Magdeburg als Beigabe in den Grundstein.

Bild rechts: Errichtung des Dachstuhls durch Mitarbeiter des VEB Industrieofenbau Magdeburg.

4. KAPITEL

und Kirchenzeitung füllten. Dazu kam eine sehr schöne Grafik des Künstlers Wilfried Kiel, unser Freund aus Magdeburg, mit der Kirchendarstellung und natürlich das Programm des Tages.
Der Gnadauer Posaunenchor spielte im Gottesdienst und bei der Grundsteinlegung. Nach vielen geistlichen Worten kam der Spruch des Maurers Dieter Händler: „Und jetzt ... wird alles ... zugemauert."
Dann gab es in der Kirche ein tolles Fest mit großem Büffet, mit Kuchen und Schnitten. Alle im Ort haben etwas beigetragen, wir haben noch lange Listen davon, Hausgeschlachtetes und Gehacktes, Gurken oder Kuchen. Vor allem aber gab es ein riesiges Bierfass, das die Plötzkyer Familie Haase bediente.
Es war ein schönes Fest, das dann abends im Pfarrhaus in Plötzky mit der Domjugend weiterging. Sie übernachteten bei uns oder im Bungalow von Krusches. In den Bungalow nahmen die Jugendlichen noch eine große Kanne Bier mit, um nicht zu „verdursten".

Mauersteine für den Anbau   R

Nun konnten wir also loslegen, brauchten aber dringend normale Mauerziegel zum Aufmauern der Wände. Im Fundament hatten wir schon jede Menge Bruchsteine aus dem ganzen Dorf, alte Grabeinfassungen und zerbrochene Grabsteine verarbeitet. Mit Bruchstein wurde die Rundmauer verblendet. Die Mauerziegel für das Gebäude wurden von der Westkirche bezahlt und von einer Ostfirma ausgeliefert.
Da erwarteten wir täglich die Lieferung mit Güterwaggons der Bahn. Um dort die erheblichen Standgebühren zu vermeiden, brauchte man viele Menschen zum Abladen. Gabelstapler gab es bei uns nicht!
Die Ankunft des Waggons konnte mir aber erst kurz vorher gemeldet werden. Das bedeutete: Sehr kurzfristig würde ich viele Leute brauchen.
Von einem Mitarbeiter des Güterbahnhofes erfuhr ich, dass das Abladen am Günstigsten von der betriebseigenen Verladerampe der Meliorationsgenossenschaft in Gommern gehen würde.
Vom Chef Herrn Bartels, ein Pretziener, erhielten wir die Genehmigung dazu. Ausgerechnet in der Nacht gegen 23 Uhr sollten die Steine ankommen. Um 21 Uhr ging ich zu den schon vorgewarnten Männern der Freiwilligen Feuerwehr in Plötzky, die am Depot einen Einsatz hatten. Sie hatten außerdem einen vollen Arbeitstag hinter sich.
Bis auf einen sagten alle sofort zu, mit zu entladen. Kurt holte seinen LKW mit Hänger und los ging's. Als der Waggon zur Laderampe geschoben wurde, standen wir mit zwölf Männern bereit. Das Entladen der schweren Steine geschah als Kette von Hand zu Hand mit je zwei Steinen. Unsere Arme wurden immer länger. Insgesamt dauerte das Ausladen des Waggons bis 4 Uhr früh. Bewundernd sagte der Kollege des Verladebahnhofs zum Schluss: „So was habe ich noch nicht erlebt!"
Um keinen „Verlust" zu haben, wurden die Steine im geschlossenen Pfarrhof in Plötzky zwischengelagert. Ich dankte allen Männern herzlich.
Meine Frau hielt für uns alle ein gutes Frühstück mit frischen Brötchen bereit, denn die Männer gingen dann gleich zur Arbeit.

Beim Mauern in Pretzien wurde es dann schwieriger.
Die Maurer hatten Eigenes zu tun. Nur Dieter Händler blieb als Maurer dabei am Rundbau. Er

4. KAPITEL

arbeitete im Betrieb in Schichten und machte bei uns mal morgens und mal abends weiter. Vater Kersten und ich erledigten Handlangerarbeiten. So wuchs der Rundbau langsam, aber sicher und wurde auch fertig.

Ringanker und Dachstuhl R

Nach dem langwierigen Hochmauern mußte bei diesem Rundbau und zum Anbinden an die Kirche ein kompletter Ringanker gegossen werden. Die notwendige Einschalung fertigte uns ein Kunstschmied aus Metall, Josef Bzok aus Magdeburg.
Dann gings an das Gießen des Betons.
Vater Kersten stand am Mischer, ich fuhr die Schubkarren zum Gerüst und reichte die vollen Eimer mit Beton hoch. Dieter Händler goss die Form voll. Eisen zum Halten des Dachstuhls wurden gleich mit eingearbeitet. Es musste auch noch schnell gehen, der Beton mußte ja im Ganzen abbinden - sehr schwer!
Eine Riesenarbeit lag endlich hinter uns.
Nun stellte sich die nächste Frage: Wer baut uns den Dachstuhl? Monatelang stand alles offen da.
Alle Bemühungen für die Dachstuhlbauerei waren vergeblich.
An einer Führung in der Kirche nahm Hans Gerling teil. Er stellte sich vor: „Ich bin Direktor des VEB Industrieofenbau in Magdeburg. Wir waren früher mal ein Denkmalbetrieb."
Nach der Führung, bei der ich von meinen Sorgen erzählt hatte, bot er mir an, den Dachstuhl in seinem Betrieb herzustellen. Wir freuten uns sehr.
Nur Holz musste ich besorgen!
Die Mutter von drei netten jungen Männern, die Heinrichs, die schon die ganzen Ferien bei uns mithalfen, arbeitete beim Holzhandel Leipzig.
Sie besorgte uns das nötige Holz. Es war aber frisch und musste erst noch durch die Trockenkammer. Wiederum durch Umwege konnten wir im VEB Böttcherei in Schönebeck das Holz trocknen.
Von dort also konnte mein Freund Kurt, der uns immer wieder unkompliziert half, das Holz endlich zum VEB Industrieofenbau in Magdeburg bringen.
Nun dauerte es wieder ein paar Wochen, bis der erlösende Anruf kam: Der Dachstuhl ist fertig!
Am Samstag früh rollten drei Multicars, kleine Betriebsautos mit allem Nötigen auf dem Kirchweg an.
An dem Tag stürmte es entsetzlich, aber die Männer wollten fertig werden und bauten trotzdem alles auf. Am Abend stand der Dachstuhl stolz in den Himmel.
Die erste Abdeckung vor dem Winter 1978 war nur notdürftig mit Dachpappe. Schiefer wie vom Architekten vorgegeben, konnte ich nirgends bekommen.
Da half uns im Frühjahr die Katholische Gemeinde in Gommern mit Schiefer aus. Ein Dachdecker aus Tangermünde nagelte mit Kupfernägeln, die wir aus unserer westlichen Patengemeinde bekamen, den Schiefer auf. Abends nahm ich jeweils die restlichen Kupfernägel mit nach Hause, da sie heiß begehrt waren.
Durch die starke Rundung des Daches war es bei Sturm aber nie richtig dicht. Während der Wende im Oktober 1989 konnten wir Kupferblech besorgen. Dabei ließ ich die Küche im Durchgang gleich noch etwas vergrößern. Sie war viel zu klein für unseren aktiven Frauenkreis und die Betreuung der Musiker vor und nach den Musiken.

4. KAPITEL

Öffnung der Nordtür im Jahr 1978   M

Nun endlich waren wir bereit, die ehemalige Nordtüre, die seit Jahrhunderten komplett zugemauert war, von innen und außen, als Zugang für den Gemeinderaum zu öffnen. Der alte Türbogen war teilweise zerstört durch die Vergrößerung des darüber liegenden Fensters. Die Maurer meinten, das Ergänzen kriegen wir hin!
Nun wurde es spannend beim Öffnen!
In diesen Tagen stand ein Artikel in der Zeitung, dass Maurer beim Öffnen einer Tür im Kloster Loccum bei Hannover einen ganzen gotischen Altar gefunden hatten.
Ich hatte den Artikel den Männern vorgelesen, um sie zu motivieren. Denn auch in Pretzien hatte es einen gotischen Schnitzaltar gegeben, der völlig verschwunden war. 1725 beschreibt ihn Pfarrer Thorschmidt noch ganz genau. Er erzählt von einem Heiligen, der die Kirche in ihrer ursprünglichen Gestalt in der Hand hält. In der Mitte stand eine Marienfigur.
Das heizte sie so an, sie arbeiteten wirklich intensiv, um zu sehen, ob nicht doch etwas dazwischen eingemauert sei. Wir begannen von außen her. Es machte enorme Mühe, die großen Bruchsteine heraus zu heben. Aber es kamen nur alte Bretter zum Vorschein, d. h. man hatte damals, als man den zweiten Eingang nicht mehr benötigte, die vorhandene Tür einfach mit eingemauert.
Das war nun für uns doch sehr interessant: Die alte Tür bestand aus sieben dicken Eichenbrettern, die sorgfältig auf Nut und Feder an kräftigen Querstreben aufgedübelt waren. Selbst die Türbänder waren noch drin. Wir freuten uns daran, machten ein Foto und - dann sackte alles vor unseren Augen zusammen. Durch den nun dazukommenden Sauerstoff verlor das Eichenholz allen Halt, leider, nur ein Brett konnte ich retten, um wenigstens die Form aufzuzeichnen.

Wir öffneten das Mauerwerk weiter bis unten: Da lag auf der Schwelle ein Totenkopf, sorgsam nach Osten ausgerichtet auf zwei gekreuzten Knochen! Der Schädel hatte ein großes Loch!
War diese Person einem Mord zum Opfer gefallen? Warum war dieser Schädel ausgerechnet hierhin gelegt worden?
Da fiel uns ein, was wir zwei Jahre vorher schon erlebt hatten: Beim Herausnehmen der Bänke lag jeweils ein breites Brett unter den Füßen. Darunter fanden wir immer in der Mitte ein oder zwei Knochen.
Bei unseren jungen Magdeburger Helfern war ein Medizinstudent. Er sammelte sie und legte sie zuletzt zusammen: Es ergab Teile einer Kinderleiche! Was mag die Menschen damals zu so einer Handlung in der Kirche bewogen haben? Wir werden es nicht mehr erfahren. Aberglauben gab es immer beim Bauen!
Zuletzt öffnete sich rechts und links im Mauerwerk der Nordtür noch je ein sehr tiefes Loch. Man hatte damals die Tür nur von innen mit einem Balken verschlossen, der zum Öffnen tief in die Mauer geschoben wurde. Er steckte noch darin, war aber völlig weich. Immer wieder gab es etwas für uns Neues an dieser Kirche zu entdecken.

Oben links: Vorzustand der alten Tür mit dem barocken Fensterrahmen.

Oben rechts: Pfr. R. Meussling bei der Arbeit

Unten: Uwe Meyer löst die vermauerten Steine. Dahinter kommt die romanische Tür zum Vorschein.

Die alte Tür fällt in sich zusammen. Auf der Schwelle liegt der Totenkopf.

4. KAPITEL

Ärger an Wand und Decke   M

Drei Restauratoren unterstützten ab Ende April 1977 meine Arbeit an den Wandmalereien.
Zum ersten Mal sollte auch ich in meiner Arbeit vom I.f.D mit eingeplant werden und Lohn erhalten.
Da meine Ausbildung als Kirchliche Restauratorin nicht vom Staat anerkannt wurde, erhielt ich den „großzügigen" Stundenlohn von 1,14 DDR-Mark als Hilfskraft. Ich habe es aber in dem Jahr auf über 2.000,- DDR-Mark gebracht, soviel Stunden habe ich gearbeitet!
Der Restaurator P. hatte den Auftrag erhalten, die Deckenbalken und Bretter zu untersuchen und zu säubern. Ich hatte schon vom Gerüst aus die Balken kontrolliert und auf der Unterseite der Balken kräftige Farbreste in blau und rot gefunden, die sich vom Kalküberzug sehr leicht befreien ließen. Ein Stück hatte ich schon bearbeitet. Die Malerei reichte also auch über die Decke, die Flächen zwischen den Balken fehlten leider schon ganz.
Aber Herr P. nahm die große Drahtbürste und holte mit großem Fleiß alles herunter, alle Restfarben bis auf den Balken! Das war so nicht besprochen worden.
Wir schluckten sehr! Wir konnten nichts mehr tun.
In der Woche darauf war er fertig damit und begann auf Anweisung von Chefrestaurator C. die Balken zu streichen - englischrot! Auch das war mit uns nicht abgesprochen.
Als wir in die Kirche kamen, hatte er den ersten Balken zum Teil schon dick rot gestrichen. Es war geradezu grausam, wie das wirkte. Die Wandmalereien spiegelten plötzlich alle diesen roten Ton wieder und erschienen ganz dunkel und erschlagen.
Wir waren erschrocken. Das durfte nicht sein!
Wieder direkter Anruf im I.f.D. Halle und die Arbeit wurde gestoppt. Der Restaurator mußte diese Farbe mit Laxyl, einem scharfen Reinigungsmittel, beseitigen und ein zarter grauer Ton wurde angeordnet, der die Malereien bestehen ließ, ja betonte.
Mit dem anderen Restaurator A. hatten wir viel Ärger. Hatten wir zuerst beide Restauratoren bei Privatleuten aus der Gemeinde untergebracht, die nichts dafür haben wollten, beschwerten diese sich bald, dass ihnen eine Reihe von alten Tonkrügen abhanden gekommen sei. Es gab damals keine Pension oder ein Hotel, wo wir die beiden eventuell unterbringen konnten. So mussten sie in unsere Bodenkammer ziehen, was ihnen durchaus gefiel.
Sie frühstückten also täglich mit uns. Am Ende legten sie uns einen Übernachtungsnachweis zum Unterschreiben vor, haben uns aber nicht eine Mark davon bezahlt.
Vorsichtig fragte mein Mann nach den Krügen und wurde scharf abgewiesen von Herrn A. Er hatte sich dann sogar einen Anwalt genommen und beschwerte sich seinerseits bei unserem Bischof über uns. Zuletzt sollten wir uns sogar bei ihm entschuldigen.
Wir haben dann ebenso mit einem Anwalt die Grenzen abgesteckt. Nach Gesprächen mit dem Chefkonservator kamen beide Restauratoren nicht wieder.
Den Sommer über wurde zwischen den Musikwochenenden mit fünf anderen Restauratoren unter der Anleitung von Chefrestaurator C. die Arbeiten an den Wänden, Putzergänzungen und geringe farbliche Angleichungen des Putzes durchgeführt. Diese Restauratoren wohnten dann aber endlich in Schönebeck in einer Pension.
Mit diesen Kollegen verstanden wir uns ganz

4. KAPITEL

prima. Sie waren mit Freude und ohne jeden Neid oder Vorbehalt gegen mich bei der Arbeit. In dieser Zeit diskutierten wir viel und sehr offen über die richtige Methode und das richtige Material zur Sicherung der noch lockeren Kalkmalschicht.

Es war inzwischen international bewiesen, dass das in der DDR verwendete Polyvenylacetat nach einiger Zeit zum Vergrauen und Gelbwerden neigt, in der Oberfläche bricht und dadurch die Malereien mit der Zeit schlechter sichtbar sein werden.

Im Westen benutzte man das sehr viel sichere und feinere Acrylat, das nicht vergilbt. Das gab es bei uns nicht.

Trip nach Prag   M

Da wir keinen westlichen Kollegen kannten, der uns mit Acrylat hätte helfen können, kamen mein Mann und ich auf die Idee, nach Prag zu fahren. Man hatte gerade in der Presse die Umsetzung der kleinen Kirche von Most in der Tschechoslowakei gefeiert. Diese war innen mit alter Malerei ausgemalt und von Prager Restauratoren gesichert worden. Wir sahen das im Fernsehen und in der Fachliteratur. Bestimmt würden die Kollegen, die das durchgeführt hatten, uns helfen oder beraten. Es musste doch noch andere Methoden und Mittel geben.

Das wurde ein Abenteuer! Wir hatten keine Adresse, kannten Prag aber schon von anderen Besuchen. Unser Freund Karel wohnt auf der Kleinseite.

Zuerst besuchten wir die Nationalgalerie auf dem Burgberg. Aber wir hatten Pech und trafen niemanden, der Deutsch verstand.

Schon ganz geknickt gingen wir ins Goldene Gässchen, um etwas zu essen, bummelten aber dort noch herum. Dabei beobachteten wir zwei Männer, die Sandsteinquader auf dem Platz dort abmaßen, vielleicht Architekten oder Denkmalpfleger? Wir trauten uns aber nicht, sie anzusprechen.

Später in der kleinen Gaststätte saßen sie beide, es war nur der Platz neben den beiden Herren noch frei und - sie sprachen deutsch.

Wir zogen Fotos von unseren Wandmalereien aus der Tasche und erklärten unser Anliegen. Besser hätten wir es nicht treffen können! Sie reagierten ganz begeistert und ließen sich alles erklären. Auf unserem Stadtplan zeichnete der Größere der Beiden eine Adresse ein: Chefrestauratorenehepaar Bergerovi. Daneben schrieb er seinen Namen als Empfehlung: „Denn Sie kommen sonst nicht rein."

Aufgeregt gingen wir dorthin und wurden unglaublich freundlich empfangen. Eine fast militärisch abgesicherte Wohnung und Werkstatt machte uns den hohen Status der beiden Restauratoren klar. Sie hatten stets das kostbarste Kunstgut aus der Nationalgalerie in der Werkstatt. Wir zeigten unsere Fotos und erfuhren offen und genauestens ihre dortigen Methoden von Freilegung und Sicherung bei Wandmalereien.

Als wir nach Acrylat für die Wand fragten, brachten sie uns einen ganzen Eimer mit Deckel als Konzentrat mit tschechischer Beschreibung dazu von nebenan. Das gab es für sie in Prag zu kaufen.

Zum Schluss kam die Frage, wer uns zu ihnen schickte. Ich zeigte auf den Stadtplan mit dem Namen. Dieser Mann war während des „Prager Frühlings" der Privatarchitekt Alexander Dubceks, des damaligen Präsidenten, gewesen.

Oben: Maria Meussling legt Heilige auf der Apsis-Südwand frei.

Unten: Gleiche Stelle wie oben nach der Behandlung mit „Latex".

Rekonstruktionszeichnung der gleichen Stelle wie unten.

Bild links:
Chor-Nordwand oben, Törichte Jungfrau wird freigelegt.

Bild rechts: Die zarte Figur ist erschienen.

Chor-Nordwand oben: Zwei Törichte Jungfrauen, darunter Fries mit zwei Propheten - Putz wurde ergänzt, Malerei gesichert, leichte Retuschen auf der Oberfläche.

Chor-Südwand oben: Zwei Kluge Jungfrauen nach der Freilegung.

Oben: Rekonstruktionszeichnung

Bild oben: Blick nach Osten Zwischenzustand 1977 nach Abschluss der Arbeiten im Chor und im Schiff.

Bild unten: Die Darstellungen in der Apsis oben nach Retuschen.

92

4. KAPITEL

Nun arbeitete dieser unerkannt als Architekt bei der Denkmalpflege in Prag. Hatten wir ein Glück, an ihn geraten zu sein! Stolz und überglücklich fuhren wir heim, schwer beladen mit dem großen Eimer Acrylat.

Aber ich durfte das Acrylat in der Kirche Pretzien auf Anweisung von Chefrestaurator C. nicht verwenden! Da die Erklärung nur auf Tschechisch war, weigerte sich der Chefrestaurator C. das zu verwenden.

Es hätte für die ganze Kirche gereicht, da es sehr ergiebig war! An einer Stelle habe ich aber doch, nachdem die anderen weg waren, die Sicherung mit Acrylat ausprobiert. Der Unterschied ist heute noch immer genau zu sehen!

Der Eimer Acrylat verschimmelte später und mußte weggegossen werden. Verpasste Chance, war ich wütend!

Es wurde mit Polyvenylacetat, stark verdünnt, auf mein Drängen hin und sehr viel vorsichtiger, die Malereiflächen von Chor und Schiff gesichert. Ich mußte mich beugen.

Retuscheproben   M

Gemeinsam machten wir Restauratoren Versuche, wenigstens die großen dunklen formgebenden Streifen an den Rahmen der Malereibilder in verschiedenen Techniken mit Aquarellfarben zu ergänzen. Jeder von uns sechs Restauratoren hatte einen kleinen Bereich von Herrn C. zugeteilt bekommen. Einen ganzen Tag hatten wir daran gearbeitet. Es wurde in verschiedensten Techniken getupft, gemalt, gestrichelt, geschwammelt, u. s. w.

Am anderen Morgen kamen wir gemeinsam in die Kirche, in der uns Herr C. schon erwartete. Wir wollten über die beste Methode diskutieren.

Er hatte aber schon vorher ohne etwas zu sagen, alles mit dem Schwamm ver- und abgewischt. Wir waren sprachlos und wütend über diese Reaktion. Keiner sprach. Alle waren sauer.

Er kommandierte uns herum. „Und Frau Meussling, sie streichen jetzt mit dem großen Pinsel den ganzen Sockelbereich in Apsis und Chor." Das war die schwerste Arbeit überhaupt!

Ich habe sie, ohne zu murren, sauber ausgeführt, alles zweimal mit getöntem Kalk gestrichen.

Krank   M

Im August hatten wir mal wieder Besuch, der Bruder meines Mannes mit Familie wollte etwas länger bleiben.

Abends saßen wir bei herrlichstem Sommerwetter noch lange im Garten, hatten ein Feuerchen angezündet. Seine und unsere Kinder sprangen darüber, auch ich. Beim Springen merkte ich, dass mich im Unterleib etwas schmerzte.

Wir gingen bald zu Bett. Gegen Morgen mußte ich meinen Mann bitten, mich ins Krankenhaus zu bringen. Ich hatte wahnsinnige Schmerzen, krümmte mich. Von da an war nichts mehr wie vorher.

In einer schlimmen Not-OP nachts über viele Stunden wurde mir ein geplatzter Tumor aus dem Bauchraum entfernt. Bei der Operation war ich klinisch tot, wurde aber wiederbelebt.

Es ging mir dreckig. Lange musste ich im Krankenhaus bleiben. Eine Ärztin sagt mir, so ein Tumor entwickele sich durchaus auch durch großen Kummer. Nun musste mein Mann zu Hause mit allem allein klar kommen.

4. KAPITEL

Ein Jahr später musste ich noch einmal operiert werden, es ging mir immer noch nicht besser, die Schmerzen waren genau wie vorher. Es war noch eine Geschwulst, man hatte sie übersehen bei der Nachtoperation!
1979 wurde ich auf Fürsprache der Frau unseres Bischofs sogar für vier Wochen in die Schweiz geschickt, um mich zu erholen, nach Locarno in ein kirchliches Erholungsheim.
Aber bis man mich fahren ließ, wurde ich ewig auf Sicherheit überprüft, ob ich wohl wieder käme.
Und ich kam erholt und gesund wieder, hatte die weite Welt kennengelernt und Freiheit gespürt, bin sogar nach Italien gekommen.
Ich war überglücklich, wieder zu Hause zu sein, meinen Mann und meine drei Kinder in die Arme zu schließen.
Die acht Dia-Filme, die ich auf der Reise aufnahm, erhielt ich vom Entwickeln nie zurück. Ein Film liegt noch in meiner Stasi-Akte.

Die zweite Dachreparatur R

Das Kirchendach machte uns erneut Sorgen. Wir hatten 1973 das Dach nur ausbessern lassen, da es nicht genügend Ersatzsteine dieser seltenen Mönch-Nonne-Deckung gab und die wollten wir unbedingt erhalten.
In den zurückliegenden Jahren hatte es manchen Sturm gegeben.
Wie sehr sorgte ich mich immer um meine Kirchendächer und schlief sehr schlecht, wenn mal wieder ein Herbststurm durchjagte. Meist ging gleich hinter dem Turm am großen Dach einiges kaputt. 1977 war innen die Kirche weitgehend fertig geworden. Die Flächen ohne Malereien waren neu gestrichen worden. Die Decke war mit dem zarten Grau sehr wirkungsvoll und elegant. Aber im Winter hatte Schnee da oben den Weg zwischen den Ziegeln durchgefunden und schlimme Flecken an der Decke hinterlassen. Und Löcher im Dach gab es schon wieder reichlich.
Nun sollte nach langen Beratungen mit Denkmalpflege und dem Kirchlichen Bauamt dieses seltene Dach umgedeckt und dabei ganz in Kalk gelegt werden. Das bedeutete wieder ganz viel Handarbeit. Dachdeckerfirmen winkten ab, so was hatten sie noch nie gemacht und wollten es nicht.
Also besorgte ich mal wieder ein Gerüst, einen Mischer, ließ Sand anfahren und organisierte Kalk.
Auch Ersatzsteine konnte ich bekommen. Der Gommeraner Dachdecker Erwin Guse war bereit mitzumachen. Vor allem brauchten wir viele freiwillige Helfer für alle anderen Arbeiten. Und die fanden sich.
Ein uns unbekannter junger Mann fragte, ob er mit helfen könnte, schlug sein Zelt gleich auf dem Kirchplatz auf und war immer dabei, viele Wochen. Er schrieb auch oft etwas in ein Büchlein und fotografierte tüchtig.
Die Männer grinsten und meinten: „Der ist bei Horch und Guck".
Er arbeitete auch fleißig mit, war freundlich und nett und so ließen wir ihn gewähren. Als er sich allerdings plötzlich an unsere 14-jährige Tochter heran machte, war Schluss für mich.
Er verschwand so lautlos, wie er kam und ward nie mehr gesehen.
An dem Dach war das eine schreckliche Arbeit. Das Gerüst war unsicher und nur behelfsmäßig aufgebaut, da es ständig versetzt werden musste. Es wurden Unmassen Kalk verbraucht, jeder Stein in Kalk gelegt und einzeln fein verstrichen.
Vater Kersten stand am Mischer, zählte genau die

4. KAPITEL

Schippen an Kies, Sand und Kalk, machte eine Prise Zement dazu und mischte. Ich schob die gefüllte Schubkarre an die Kirche, füllte die Eimer damit und zog sie an einem langen Strick über die Rolle nach oben. Auf dem Dach arbeiteten neben dem Dachdecker auch Helfer: Alfred Eckstein, Rudi Pocarr, Dieter Händler und die drei Heinrichs aus Leipzig.

Auch ich war immer mal oben. "Mehr Kalk", schallte es oft vom Dach.

Vater Kersten oder ich zogen Eimer um Eimer nach oben. Von morgens 7 Uhr bis abends 7 Uhr schafften wir gerade zwei Reihen neu zu verlegen. Trotzdem beendeten wir den Tag immer mit einer kleinen Andacht um den Altar und die Männer sangen fröhlich mit.

Not am Mann R

Eines Tages war wieder einmal „Not am Mann". Wir brauchten Helfer auch unter der Woche. So kündigte ich in einer gut besuchten Kirchenmusik an: „Wer Lust hat mitzutun, ist herzlich willkommen!"

Am Montag stand ein junger Mann in der Kirche: „Wo kann ich helfen?" Ich bedankte mich herzlich und bat ihn, schon mal Dachsteine nach oben auf den Turm zu bringen. Er nahm drei der schweren Mönch-Nonne-Steine und trug sie die steile Turmtreppe hinauf, legte sie oben ab, drehte sich herum und kugelte und stürzte die hohe Treppe wieder hinunter mit schrecklichen Schreien.

Ich rannte zur Stelle, um zu helfen. Aber da war wohl so nicht zu helfen. Es sah schlimm aus. Meine Frau brachte ihn mit dem Auto ins Schönebecker Krankenhaus. Der Arm war ausgekugelt, mußte wieder eingerenkt werden. Der junge Mann hatte schlimme Schmerzen. Aber nicht nur er, auch ich als Pfarrer hatte Schmerzen. Zu welch einer Verantwortung wurde ich zur Rettung unserer Kirchen genötigt!

Am Abend kam der Vater des Jungen, verständlicherweise sehr erbost. Die zornigen Worte waren schwer zu ertragen. Er legte mir Versicherungspapiere vor, die ich ausfüllen sollte. Die blieben aber bei aller Arbeit erst mal liegen. Nach Wochen erschien der Sicherheitsinspektor vom Rat des Kreises bei mir. Es lag eine Beschwerde gegen mich vor. Der Vater des Jungen hatte sich beim Rat des Bezirkes Leipzig beschwert. Die Beschwerde landete beim Rat des Bezirkes Magdeburg und wurde dem Rat des Kreises Schönebeck zugeschoben.

Und so mußte der Arbeitsschutzinspektor mich zusammendonnern. Da wir uns von einem Feuerwehrfest her kannten, fiel das so aus:

„Was hast Du denn angestellt? Gegen dich liegt eine Beschwerde vor. Aber das ist nicht schlimm, Du brauchst den Zettel nur noch ausfüllen, ich helfe Dir. Eure Kirche gilt doch als Nationales Aufbauwerk und so gibt es Versicherungsschutz!"

Das war ja interessant, davon wussten wir nichts. Wer hatte sich da die Hosen angezogen? Kam das, weil der Rat der Gemeinde unsere Arbeitsstunden meldete? Oder kam das, weil der Rat des Kreises, Abteilung Kultur, unsere Arbeit finanziell unterstützte.

Oder kam das, weil der Rat des Bezirkes ein Auge auf uns hatte?

Wir waren dankbar, dass das so gut ausging in dieser misslichen Lage. Der junge Mann war auch bald wieder gesund und trug keine Schäden davon.

Etwa zwei Drittel des Hauptdaches waren fertig

4. KAPITEL

und sahen prima aus. Stolz betrachteten wir das Geschaffte. Bei jeder Kirchenmusik freuten sich die Menschen an den Fortschritten am Dach.

Eines Tages aber kriegten wir es mit der Angst zu tun: Vom nahen Flugplatz der russischen Armee bei Zerbst stiegen immer wieder Düsenjäger auf, die direkt über die Kirche jagten, sehr niedrig. Durch den Überschallknall, den sie erzeugten, wenn sie mit 2 Mach drüber flogen, hob sich das ganze Dach, das ja nun ein Ganzes war. Es begann stark zu rieseln und das Dach riss wieder kaputt. Wir waren entsetzt.

Ich informierte unser Kirchliches Bauamt, wir stellten die Arbeiten ein. Dieser ganze Aufwand war umsonst!

Die Männer deckten das Dach noch ohne Kalk zu Ende, nur der First wurde noch in Kalk gelegt und der Anschluss an den Turm.

Was so gut begonnen hatte, wurde „zum Schuss in den Ofen".

Erst nach der Wende 1992 konnte das Dach mit guten Steinen, die wir aus Bayern erhielten, neu eingedeckt werden und ist jetzt wirklich gesichert.

Und nun endlich ohne Dachschaden   R

Dazu ist Folgendes zu berichten: Im Januar 1990 wurden wir beide über unseren Malerfreund Hubert Distler nach Tutzing in Bayern in die Evangelische Akademie eingeladen. Es wurde eine bewegende Ost-West-Begegnung. Wir wollten viel voneinander wissen und erfahren. Überraschenderweise wurde ich ins Gesprächspodium gebeten. Ich sollte über die Situation unserer Kirche und der Kirchengebäude berichten. Wir hatten für alle Fälle Lichtbilder über unsere Arbeit in den Kirchengemeinden und an unseren Kirchen dabei, die wir dort vorführten. Wir sprachen auch von den Sorgen über die Kirchendächer.

Die Reaktionen waren durchweg positiv und sehr herzlich. Dazu gehört, dass der Architekt Wolfgang Niedermayer aus München mir einfach so seinen schönen Mantel schenkte mit den Worten: „Für Euch tue ich noch mehr als Zeichen der Verbundenheit."

Acht Wochen später rief er mich an: „Ich habe für eine Eurer Kirchen Dachsteine von der Firma Meindl in Dörffen zugesagt bekommen als Spende für Euch. Es sind besondere Steine - Antico - die die alte Mönch-Nonne-Deckung nachahmen. Das ist eine Spezialanfertigung für die Münchner Frauenkirche."

Er kam kurz danach mit dem Vertreter der Firma Meindl Franz Xaver Kern zu uns, um das Aufmass zu machen. Das wurde ein wunderbarer Abend bei uns. Sie hatten Weißwürste und bayrisches Bier mitgebracht.

Den Transport der Steine hatten wir zu organisieren.

Da half uns in den Wirren des Umbruchs unser Plötzkyer Freund Alfons Merknau vom Fuhrpark des Traktorenwerks Schönebeck mit vier LKW's. Nachts fuhren wir mit stinkenden und nicht sehr zuverlässigen Lastkraftwagen nach Bayern. Was war das für ein Gefühl - ohne Kontrolle an der Grenze. Und dann ging es weit in das schöne Bayern mit beeindruckender Landschaft und gepflegten Dörfern und Bauernhöfen. Wir staunten und freuten uns. Der Empfang in der Firma Meindl war außerordentlich herzlich. Reichlich wurden wir bewirtet und beschenkt.

Mit den schwer beladenen LKW's wurde allerdings die Heimfahrt zum Abenteuer, einer ging ganz kaputt. Durch die Polizei wurden die

Bild oben: Die zweite Dachreparatur 1978. Auf dem Dach Rüdiger Meussling, Dachdecker Guse, Alfred Eckstein und Andreas

Bild unten: Zustand nach Arbeitsabbruch

Das neue Dach 1992. Im Vordergrund die noch zerstörte Kirchhofmauer

4. KAPITEL

anderen drei Fahrzeuge wegen zu großer Qualmerei von der Autobahn verwiesen. Sie mussten auf Bundesstraßen ausweichen.

Als wir endlich völlig übermüdet zu Hause ankamen, läutete die Glocke zu unserem Empfang.
Meine Frau und ich hatten uns überlegt, die tollen Dachsteine doch lieber für das ebenfalls marode Kirchendach in Plötzky zu verwenden. Für Pretzien erhofften wir uns durch die hohe Einstufung und Wertigkeit des Gebäudes staatliche Mittel. Tatsächlich erhielten wir später die gleichen guten Steine von derselben Firma Meindl für die Pretziener Kirche. Aber diesmal konnten wir sie bezahlen mit Hilfe des Landkreises.
Für die Plötzkyer Kirche waren die Dachsteine ein großer Segen.
Alle Mitglieder des Plötzkyer Bürgerkreises sammelten Geld für die Dachdeckerarbeiten im Dorf. Kurz nach der Währungsunion erfreute uns die hohe Spendenbereitschaft der Einwohner. So kamen wir in Plötzky im September 1990 zum ersten neu gedeckten Kirchendach in ganz Sachsen-Anhalt.

Unvergesslich wurde für uns das große Kirchdachfest am 3. Oktober zur Wiedervereinigung mit riesiger Dorfbeteiligung.
Auch die beiden Herren aus Bayern Franz Xaver Kern und Wolfgang Niedermayer feierten fröhlich mit uns. Diese schöne Verbindung hält noch heute.

Wie war ich froh über die neu gedeckten und nun sicheren Kirchendächer. Trotzdem erhielt ich von einer vorgesetzten Dienststelle einen bösen Brief, ich hätte das letzte im Original erhaltene Mönch-Nonne-Kirchendach zerstört.

Ach, was haben beide Dächer für eine schöne Patina inzwischen und sie werden weithin bewundert. Es waren soviel Steine, dass wir in Plötzky sogar noch genügend Steine für den Anbau der Marienkapelle hatten, die wir 2004 bauen ließen.

Die besondere Pappe R

Die besondere Pappe, das war der Trabant, der Volkswagen der DDR-Bürger.
Mindestens dreizehn Jahre mußte man auf ihn warten. Ich hatte Glück und erhielt eine Anmeldung von Pfarrer Schrödter in Stendal. Die Kosten für das Auto übernahm die Landeskirche. Das war nun sogar ein Kombi, der hatte etwas mehr Platz. Der „Trabbi" war robust und anfällig zugleich. Zum Glück hatte ich viele technisch begabte Freunde.
Was mußte der alles bei mir aushalten. Er fuhr mich zu allen Diensten in meine Gemeinden. Aber dann war er auch Transportmittel für alles Notwendige zum Bau: Kalk, Zement, Steine, Dachlatten auf dem Dachgarten u. s. w.
Durch Beziehungen bekam ich dann sogar eine seltene Hängerkupplung. Da hatte mir eine „Geige" geholfen, ein 20-Westmarkschein. Der Hänger wurde für mich unter der Hand im Werk in Gommern gebaut. Nun mussten Trabant und Hänger noch mehr leisten. Der „Buschfunk" gab mir Nachricht, das dringend benötigter Kalk angekommen sei. Ich fuhr schnell hin und begegnete unterwegs meinem Amtsbruder Rolf Herrmann. „Komm steig mit ein, es gibt Kalk. Jeder kriegt nur vier Sack." Aber acht Säcke waren für den Hänger zu viel, so landeten wir mit geplatztem Reifen im Straßengraben. Habt Ihr schon einmal ungelöschten Weißkalk aus geplatzten Tüten im nassen Graben geborgen?

4. KAPITEL

Es war eine schlimme Sauerei.

Eines Abends, ich brachte Handwerker nach Hause, dabei geschah es. Ein wunderbarer Rehbock sprang mir vor das Auto. Er lag am Straßenrand und lebte noch. Ich fuhr rasch zu unserem Förster, der mit dem Jagdmesser mit mir kam. Er erlöste den Rehbock von seinen Qualen. Zufällig kam der Chef der Jagdgesellschaft vorbei und wies an: "Der Rehbock muß untersucht werden. Er könnte Tollwut haben." So landete er beim Jäger auf dem Hof. Ich hatte den Schaden am Trabbi und er den leckeren Braten.

Bei Erdarbeiten an der Kirchmauer fanden wir auch Munition: vier Granaten oder etwas Ähnliches. Am Feierabend meldeten wir den Waffenfund unserem ABV (Abschnittsbevollmächtigter der Polizei). Er wurde allgemein „Scharfblick" genannt. Meine Frau hielt den Karton mit der Munition weit aus dem Fenster, während ich langsam nach Plötzky fuhr. Der ABV wurde kreidebleich bei der Übergabe. Die Munition war noch scharf.

Nach der Wende hatte ich ABM-Leute, Heinz und Matthias. Sie erneuerten in fleißiger Arbeit Teile der Pretziener Kirchhofmauer und hatten dazu viel Schutt mit dem Trabbi wegzufahren. Auf der Mülldeponie, der Hänger noch mit Schutt beladen, wollte auch der Heinz gerne mal Auto fahren, ohne Führerschein und Erfahrung. Er hatte das Lenkrad nicht im Griff und fuhr gegen die Schieberaupe. Da war der Trabbi hin. Er war im Dienst am Bau verschieden.

Der Kirchturm R

Der Kirchturm mit der welschen Haube war wohl ursprünglich mit dem üblichen Sachsenturm gebaut worden. 1769 musste der Turm repariert werden, da er gerissen oder eingestürzt war. Dabei trug man den Turm ein Stück ab und setzte die moderne welsche Haube auf. Aber nun in Eichenholz-Fachwerk, das wie an Mühlen gesetzt wurde und dessen Ecken ein „K" bilden, genannt „Der wilde Mann". Die Balken kamen damals geflösst über die Elbe aus Böhmen. Sie sind noch heute in gutem Zustand und ohne Holzwurmbefall. Aber alle Gefache mussten dringend erneuert werden, teilweise fehlten sie schon länger oder hingen gefährlich schief da oben. Die Steine lösten sich regelrecht auf.

So mußte also auch da ein Maurer ran.

Die Steine ganz rausnehmen, das ging ja noch, aber zum neuen Ausmauern brauchten wir Steine, Kalk und vor allem ein Gerüst.

Die Steine konnte ich in der Ziegelei in Vehlitz besorgen, auch Kalk war möglich, aber das hohe Gerüst machte mir Sorgen.

Im Turm oben standen noch alte Fahnenstangen und andere Derbstangen in einer Ecke. Der Maurer Dieter Händler meinte: „Das klappt, da baue ich ein Auslegergerüst." Er schob Stange um Stange nach draußen. Bohlen und Rücklehne nagelten wir, dann wurde Kalkbottich und Steine draufgepackt.

Dazu gesellte sich der nicht gerade leichte Maurer, sprang darauf herum und meinte: "Ich glaube, das hält."

Mir lief der Angstschweiß wegen der wackeligen Rüstung den Rücken herunter. Ich fuhr nach Hause und mußte Herztropfen nehmen.

Den Erfolg der Maurerarbeit können wir noch heute sehen. Alles hält.

Am Turm hatte ich noch andere Sorgen. Viele Stürme hatten an dem 1933 aufgenagelten Schieferdach gezerrt. Bei einer Hochzeit mit vielen

Bild oben: Der Zustand des Turmes 1973

Bilder unten: Zustand nach neuer Dacheindeckung, Ausmauerung und Kupferdeckung der Turmhaube.

4. KAPITEL

Gästen 1988 flog ein scharfer Schiefer während des Fotografierens am Turm direkt neben der Braut herunter. Wenn das die Braut erwischt hätte.

Aber auch beste Beziehungen halfen nicht beim Schieferbesorgen, den gab es nur für Westgeld. So fragte ich beim Generalvikar der Katholischen Kirche in Magdeburg im Sommer 1989 nach Kupferblech für den Turm, nun auch gleich für die Christophoruskapelle, da deren Dach undicht war. Man konnte uns dort helfen.

Das Gerüst hatte uns Dr. Gerhard Wahl aus seinem Betrieb „weggefunden" und für kurze Zeit geliehen. Die Arbeiten dauerten aber noch länger durch die dann einsetzende Wende im Land. Die Kupferklempner stellten sofort fest, dass das so mühevoll besorgte Kupferblech einen falschen Härtegrad hatte und nicht zu falzen war. Was nun tun? Erstaunlicherweise konnte unser evangelisches Bauamt helfen und tauschte das Katholische in Evangelisches Kupferblech um. Das war flexibler - welch ein Gleichnis!

Die Beschaffung der Finanzen in dieser unruhigen Umbruchzeit 1989 war ein Abenteuer für sich, darüber schweige ich lieber.

Was machen sie denn beruflich? R

Das ist eine Schlüsselfrage für mich als Pfarrer. Da kann ich mein Gegenüber besser einordnen. Diese Frage stellte ich bei Vorgesprächen zu Taufen, Hochzeiten und Beerdigungen. Ich durfte dadurch in Familien Einblick nehmen.

Aber nebenbei erwuchsen zur Zeit der DDR dadurch Beziehungen ganz praktischer Art. Es öffneten sich auf einmal Möglichkeiten der Hilfe für die notwendigen umfangreichen Bauarbeiten an unseren Kirchen. Hatte ich doch als Pfarrer auch immer die Bewertung, das ich gegen den Strom schwimme. Wohl auch darum halfen mir die Menschen so gerne.

Da gab es den lieben Kurt Niviarra aus Plötzky, der uns mal rasch einen Transport dazwischen schob. Er fuhr an den hiesigen Gruben Sand und brachte auch schnell eine Fuhre, wenn ich sie an der Kirche brauchte.

Der Betriebsleiter der Sandgruben in Pretzien Klaus Thesenvitz stellte uns seinen Kleintransporter zur Verfügung, wann immer ich ihn nötig hatte. Wenn ich das Fahrzeug dann zurückbrachte, ging er rundum und stellte lächelnd wieder eine neue Schramme fest. Er half uns auch selbst mit seiner Schieberaupe beim Gestalten des Kirchhofes. Dabei ist er einmal fast mit diesem Fahrzeug an der Schräge des Geländes abgestürzt. Das waren Schrecksekunden. Aber es ging gut aus.

Die ortsansässigen Handwerker waren stets zur Hilfe bereit, obwohl die Arbeiten nicht eingeplant waren. Bei den Leitern der LPG (Landwirtschaftliche Produktionsgenossenschaft) fand ich immer ein offenes Ohr, das war schon in unseren Jahren in der Altmark so. Oft wurden aus Helfern gute Freunde.

Auch die Geschichte, die Dr. Gerhard Wahl in seinen Memoiren niederlegte, spricht dazu Bände. Ich möchte sie, von ihm geschrieben, hier anführen. Er kommt schon sehr lange zu unseren Kirchenmusiken.

Das große Umwelttreffen R

Im Sommer 1980 wollte der Stadtjugendkonvent Magdeburg zu einer großen Sternradfahrt in

Durch die sehr schöne Lage und Anbindung an die Kirche bietet die Christopheruskapelle ein besonderes Ambiente

Hilfe zur Rettung der Pretziner Kirche

Vor der Wende war ich Kreistagsabgeordneter des FDGB und auch Vorsitzender der Kommission Kultur. Aus dieser Tätigkeit kannte ich die engagierte und kreative Restauratorin Maria Meusling und ihren Mann, den Pfarrer der Pretziner Kirche, Rüdiger Meusling.

Beide machten 1988/1989 auf die Gefahr aufmerksam, daß das undichte Dach der Kirche zu nicht wieder gutzumachende Schäden der wertvollen Wandmalerei führen könnte.

Die Meuslings hatten zwar einen Dachdecker und die notwendigen Kupfertafeln, aber keine Rüstung zur Durchführung der komplizierten Arbeiten. Offiziell waren entsprechende Kapazitäten nicht beschaffbar. Guter Rat war teuer. Ich wollte helfen und fand auch einen Verbündeten, den Bauleiter Wurbs - ein Bewunderer der Kirche - , der betriebliche Bauobjekte errichtete. Ein löbliches, „kriminelles" Vorhaben begann. Nach Absprachen und der Besichtigung der Kirche wurden am hellerlichten Tag die Gerüstmaterialien auf der Baustelle Barby verladen und mit zwei Gerüstbauern nach Pretzin geschickt. Der Gerüstbau war kompliziert, die Rohrstangen mußten im Inneren der Kirche zum Turm gebracht werden, um die Rüstung von innen nach außen zu errichten. Alles ging zügig voran und führte zu einem guten Ende, die Dachdeckerarbeiten konnten beginnen.

Im Betrieb war der Diebstahl gemeldet worden, Kriminalpolizei und Staatssicherheit ermittelten, Wurbs und ich schimpften auf die frechen Diebe. Die Dachdeckerarbeiten zogen sich in die Länge, wir bangten und wurden unruhig. Schließlich war es vollbracht.

Plötzlich war die Rüstung - wie ein Wunder - wieder auf der Baustelle. Heute bin ich ein wenig stolz, damals einen Arsch in der Hose gehabt zu haben.

Nach der Wende saß ich mit Maria Meusling im neu gewählten Kreistag, sie bei der CDU, ich bei der PDS. Das hinderte uns nicht, nach wie vor freundschaftlich miteinander umzugehen.

Gemeinsam engagierten wir uns in der Kommission Kultur, Bildung und Sport und schlugen uns mit den vielfältigsten Problemen herum. Nachdem ich Vorsitzender dieser Kommission wurde, war Maria meine Stellvertreterin. Gemeinsam kämpften wir auch jahrelang in der Gesellschafterversammlung Orchester erfolgreich für die Erhaltung des Klangkörpers.

Beide Ehepaare begegnen sich heute bei Konzerten und anderen Veranstaltungen mit großer Herzlichkeit.

Kopie des Textes von Dr. Gerhard Wahl - Barby in seinen Memoiren 2006

Die Teilnehmer der Aktion „Mobil ohne Auto" zum weltweiten Umweltschutztag 1980.

4. KAPITEL

unsere Kirche einladen.
An der Vorbereitung dazu nahm ich teil. Die nötigen Einladungen für meine Jungen Gemeinden im Umfeld sollten mir dann zugeschickt werden. Aber sie kamen gar nicht an. So rief ich dort beim Jugendwart an, damit sie mir neue schicken sollten.
Ein paar Tage später kam der Vertreter für Kirchenfragen vom Rat des Kreises Schönebeck, legte einen dicken Packen der abgefangenen Einladungen auf den Tisch und fragte empört, was wir denn da vor hätten. Welche Briefe waren da eigentlich noch sicher, fragten wir uns. Wir versuchten zu erklären, dass der Umweltschutz doch auch im Interesse des Staates gut sein müsste. Aber das zog nicht, da gab es viele Vorbehalte und Ängste.
Geplant war das Ganze für etwa 300 junge Leute, die auf Rädern von allen Magdeburger Kirchengemeinden kommen sollten. Die gemeinsame Abfahrt dazu sollte vom Magdeburger Dom sein. Das wurde so untersagt. Wir verhandelten mit dem Vertreter des Rates des Kreises. Man hatte offensichtlich Angst, das könnte eine Demonstration werden. Zuletzt durften die Jungen Gemeinden nur einzeln oder in ganz kleinen Gruppen und möglichst auf den Deichen zu uns fahren, damit sie nicht auffallen.
Kurz vorher sagte uns plötzlich die vorgesehene Band ab. Warum wohl? Dann sagte unser Freund, der Förster Rolf Steinich, die vorgesehene Waldwanderung ab. Durfte er nicht?
Das Programm wurde notdürftig umgestaltet. Der Tag kam heran, es war alles vorbereitet. In der Kirche übte die kleine Ersatzband.
Meine Frau und ich standen unter dem gotischen Bogen auf dem Kirchplatz und warteten auf die Jugendlichen.

Dort hatte man vor einiger Zeit mehrere uralte Linden gefällt, die aber wieder ausgeschlagen hatten und etwa mannshohes Gebüsch bildeten. Trotz des ganz ruhigen Wetters bewegten sich die Blätter einer buschigen Linde.
Meiner Frau fiel das auf. Sie ging darauf zu. Ein Mann mit brauner Lederjacke und Fotoapparat suchte in Gegenrichtung das Weite.
Diese extrem komische Situation ließ uns nur noch lachen.
„Horch und Guck lässt grüßen" sagten wir.
Nun kamen die Jugendlichen endlich mit ihren Rädern an. Viele Gäste aus den Bungalows, Schönebecker und Gnadauer Jugendliche kamen dazu. Es wurde ein sehr beeindruckender Nachmittag in wunderbarer Gemeinschaft mit fröhlichem Gottesdienst, viel Musik und Gesang und natürlich Speis und Trank für alle.
Ob da wohl trotzdem „Horch und Guck" dabei war? Bestimmt!

Das Himmlische Jerusalem   M

Die Fertigstellung der Winterkirche zog sich noch sehr lange hin.
Der Türbogen der Kirche nach Norden musste rekonstruiert werden. Er war durch ein barockes Fenster nur noch zur Hälfte da. Noch gab es keine Fenster und nur einen Beton-Fußboden in der Kapelle.
Holz bekamen wir dafür von einer Kirchengemeinde aus Wegeleben bei Halberstadt. Die Herstellung der Fenster und des Fußbodens führte unsere ortsansässige Tischlereifirma Ballerstedt durch. Dreh-Kipp-Beschläge für die Fenster brachte uns ein Gemeindemitglied der Patengemeinde Weimar-Roth bei Marburg mit.

4. KAPITEL

Im Januar 1980 durften wir mal wieder an besagter Berliner Bibelwoche teilnehmen. Wir hatten im Jahr zuvor unserem Freund, dem Maler Hubert Distler aus Grafrath bei München, die Pläne des Anbaues gezeigt. Und nun überraschte er uns mit einem Modell davon. Dieses hatte an der linken Seite, der Durchgangswand, Wandmalereien. „Im Sommer komme ich und male euch das dort an die Wand!" Das konnten wir uns gut vorstellen, nur nicht bezahlen. „Da macht euch mal keine Sorgen.", sagte er.
Im Sommer, wir waren inzwischen mit allen anderen Arbeiten wie Fußbodenlegen, Türen einsetzen und Wandanstrichen gerade soweit fertig, kam Hubert für vierzehn Tage zu uns.
Er hatte alle Materialien mitgebracht, lange eingesumpften Kalk, feinste Farben für die Wand, beste Werkzeuge.
Und nun malte dieser wahrhaft große Künstler, er ist eine Kapazität im südbayrischen Bereich, im Durchgang als Fresco das „Himmlische Jerusalem" an die Wand!
„Stellt es euch so vor, wie die Mauern und Tore von Jerusalem."
Das hätten wir uns gerne vorgestellt, aber wir waren dort noch nicht und durften auch nicht hin zu DDR-Zeiten. Jerusalems Tore und das Heilige Land sahen wir uns genau an, als wir nach der Wende endlich nach Israel reisen konnten.
Noch nie konnte ich jemandem beim Fresco-Malen zusehen. Das war ein großes Erlebnis für mich. Er trug den feinen Putz komplett selber auf. Wie er die Farbschichten ganz zart übereinander legte. Dann bürstete er mit einer großen Bürste zu starke Schichten. Seine Art, den Strich ohne eine Unterbrechung zu ziehen, ohne einmal abzusetzen. Nun kann ich mir gut den mittelalterlichen Maler vorn in der Apsis vor 700 Jahren vorstellen! Denn das ist genauso gekonnt gemalt worden.
Wir sind immer wieder von Huberts Malerei begeistert.
Da gerade Ferien waren, die Kinder sind bei Freunden, konnte ich ebenfalls in Pretzien arbeiten. Für die Zeit hatte ich mir vorgenommen, die Wandmalerei im Turmbogen hinten, die Seelenwaage, zu rekonstruieren, denn sie war fast nicht zu erkennen. Die kleinen Teufel dort waren irgendwann absichtlich zerstört worden. Die wollte ich gern wieder erkennbar machen.
Dafür hatte ich keine Erlaubnis der Denkmalpflege, ich habe einfach nicht mehr gefragt. Ich ergänzte kleine Putzstellen, wo die Teufel so zerstochen waren, mit feinstem Putz, den Hubert mitgebracht hatte. Er hatte auch die nötigen Pigmente für meine Arbeit dabei. Ich retuschierte in der damals ganz neuen italienischen Trateggio-Technik die Fehlstellen der Seelenwaage. Trateggio bedeutet stricheln, die Farbe wird in Striche zerlegt, um eine Gesamtwirkung zu erzielen. So arbeiteten wir beide in der Kirche, er im Durchgang und ich im Turmbereich.
Gerade saßen wir, weil es sehr heiß draußen war, auf der kühlen Turmtreppe bei einem Imbiss. Da kamen zwei Herren in die offene Kirche. Sie sahen uns nicht und gingen umher, standen unter der Seelenwaage, betrachteten sie lange. Der eine Herr sagte zu dem anderen: „Sehen Sie, so gut arbeiten unsere Restauratoren, nach der neuesten Methode."
Dann erkannte ich die beiden Herren: Chefkonservator Berger aus Halle und Generalkonservator Deiters aus Berlin. Herrn Deiters kannte ich von einer Quedlinburger Fach-Tagung. Beide waren sehr kompetente Fachleute und dann so ein Lob! Ich fühlte mich zum ersten Mal verstanden, in meiner Arbeit bestätigt - endlich!

4. KAPITEL

Beiden Herren zeigte ich dann ganz ausführlich die alten Malereien im vorderen Bereich. Sie waren sehr begeistert. Auch Hubert Distlers Malereien fanden sie passend und sehr interessant.

Zum Abschluss von Huberts Zeit bei uns, organisierten wir ein ganz schönes Fest zur Einweihung der nun inzwischen „Christophorus" genannten Kapelle und der Fresken von Hubert Distler mit viel Musik und großartigen Musikern aus Belzig. Dazu hatten wir unseren Bischof Werner Krusche eingeladen, der gerade in seinem Bungalow weilte. Er hat Hubert Distler wenigstens die Materialien bezahlen können, mehr wollte dieser nicht für seine Arbeit haben. Bischof Krusche fragte doch tatsächlich angesichts der sehr eigenwillig dargestellten Engel an der Wand:

„Herr Distler, warum haben denn ihre Engel nur ein Auge!"
Hubert antwortete etwas pikiert: „Aber, Herr Bischof, wissen Sie denn wie Engel aussehen? Ich habe nämlich noch nie welche gesehen!" Beide lachten und alles war wieder in Ordnung.
Die Feier ging dann abends bei uns im Garten weiter, wohin die Musiker sogar das Cembalo mitgenommen hatten.
Sie spielten fast endlos bei köstlichem Wein und allerhand Leckereien. Als nun wirklich Schluss war gegen Mitternacht, die Musiker waren abgereist, alle Freunde verschwunden, saß Hubert immer noch im Garten und weinte:
„Ach, dass so was Schönes immer zu Ende sein muss."

Blick in den Durchgang zur Kapelle mit der Malerei „Himmlisches Jerusalem" von Hubert Distler 1980

Der Maler Hubert Distler erklärt uns sein gerade fertig gemaltes Fresco: Die himmlische Scheibe mit dem Buch mit sieben Siegeln, der siebenarmige Leuchter und das Gotteslamm.

5. KAPITEL

Die Kirche muss benutzt werden

Pretziener Musiksommer   M

Am 28. Mai 1976 begann in der Kirche der erste durchgängige Musiksommer mit fünf wunderschönen Musiken: Capella fidicinia aus Leipzig, capella academica halensis, Musizierkreis Kleinmachnow u. s. w., alle sehr qualitätsvoll.
Und dann ging es mit dem Musikangebot jeden Sommer von Mai bis September so weiter.
Plakate wurden wieder von vielen mit Hand geschrieben und überall an die Zäune im Bungalowgebiet geheftet.
Die vielen Gäste werden einmal angeschrieben und eingeladen mit dem Jahresprogramm.
Es sind Musiker aus aller Welt und das ist nicht übertrieben!
Unser Spektrum an Musikern reicht von Japan bis Brasilien, aber erst seit der Wende, vorher und jetzt waren wir auch mit einheimischen Musikern sehr zufrieden.
Jede Musik wurde begeistert angenommen, das erreichte die Menschen.
Mit den gesammelten Kollekten konnten wir meist geradeso die nächste Musik finanzieren. Da nur Kollekte eingesammelt wurde und bis heute wird, finanziert sich die Musik mal mehr und mal weniger selbst ohne jeden Zuschuss von irgendeiner Seite. Auch zu den Gottesdiensten kamen durch die Einladungen viele Gäste und Pretziener. Der Männerchor „Orpheus" Pretzien und die Frauenchöre aus Pretzien und Elbenau prägten hier besonders die Weihnachtskonzerte.
Mein Mann hat ganz zielstrebig die Musikreihen aufgebaut, Musiker angerufen, günstige Vergütungen ausgehandelt und so immer wieder für eine volle Kirche gesorgt.
In manchen Sommern kamen wir auf fünfzehn Musiken, immer im Wechsel mit den sonntäglichen Gottesdiensten. Bis zum Jahre 2009 waren es insgesamt 370 Musiken.

Bei allen Kirchenmusiken wurde und wird noch immer bei uns gebetet. Geistliche Texte, Gebet und Segen, sind ein wichtiger Teil. Gemeinsam suchen wir lange nach guten Texten. Nur einen Text hatte mein Mann oft auf der Zunge, er hat ihn aber zu DDR-Zeiten nie öffentlich gesagt:
„Mit meinem Gott kann ich über Mauern springen", steht in Psalm 18, Vers 30.
Dann hätten die Mitarbeiter der Staatssicherheit ihn bestimmt gleich mitgenommen. Immer wieder wurden die vorgelesenen Texte von Gästen abgeschrieben, oft auch anschließend gemaust.
Waren das Interessierte oder interessierte sich jemand von der „Stasi" dafür?
Wir waren uns über deren Anwesenheit in Form von Gästen eigentlich immer im Klaren. Aber es war uns dann auch egal, wir hatten nichts zu verbergen! Sollten sie ruhig auch mit beten und Musik hören. Wir merkten doch meist sehr schnell, wer beten konnte und wer nicht!

Das Gästebuch   M

Wir erhielten 1977 von Rüdigers Bruder Olaf aus Ansbach ein wunderschön von ihm in Pergament gebundenes Gästebuch für die Pretziener Kirche geschenkt. Hatten wir doch von Anfang an so interessante Gäste. Gleich als erstes stehen die Teilnehmer des Berliner Kolloquiums der internationalen Kunsthistoriker im März 1977 drin: aus Polen, Österreich, Ungarn, Jugoslawien, Sowjetunion, BRD, Niederlande und viele Berliner Berühmtheiten.
Musiker und Vertreter von Kirchengemeinden schrieben sich nach Musiken oder Führungen ins Buch.

5. KAPITEL

Wir haben große Freude an den Eintragungen, denn es sind mal Noten, mal köstliche Zeichnungen dabei und viele angenehme Erinnerungen kommen wieder.
Wie schwierig es für staatliche Vertreter werden konnte, in einer Kirche ins Gästebuch zu schreiben, zeigt folgender Eintrag:

> „Am 11. Januar 1979 weilten die Mitarbeiter der Abt. Kultur des Rates des Kreises zu einem Arbeitsbesuch in Plötzky / Pretzien. Dabei wurde der Stand der Restaurierung der Dorfkirche Pretzien durch Herrn Meussling berichtet und das schöne Bauwerk besichtigt. Die Erläuterung durch Herrn Meussling war engagiert und der Sache würdig und das Ergebnis überzeugend. Wer dieses schöne Sachzeugnis des kulturellen Erbes noch vor drei Jahren kannte, ist sehr beeindruckt vom fortgeschrittenen Stand der Restaurierung dieses bedeutenden kulturhistorischen Denkmals.
> Hier zeigt sich, wie staatliche Denkmalpflege, sozialistische Bündnispolitik und echte Gemeinschaftsarbeit wirken. Wir danken Herrn und Frau Meussling für ihren hohen persönlichen Einsatz, ihre Opferbereitschaft und ihre Tätigkeit bei der Verwirklichung sozialistischer Kulturpolitik.
> In der Gewissheit, dass dieses Zusammenwirken auch in Zukunft gewährleistet wird, dankt …
> Mitglied des Rates für Kultur und Naherholung"

Die Unterschreibende war eben begeistert und hat uns dann tatsächlich viele Jahre sehr geholfen und oft sehr unkonventionell Gelder für das gesamte Ausfugen der Kirche, sowie für die komplizierte Neuausfachung des oberen Turmteils besorgen können. Aber selbstverständlich wurde alles genau abgerechnet.
Im Jahr darauf erhielten wir sogar beide die „Ehrennadel für vorbildliche Nachbarschaftshilfe", eine Anstecknadel, überreicht.
Und da waren sogar mal in seltenen Münzen 50,- DDR-Mark dabei, die wir immer noch haben.

Wo ist Kuh? M

Überraschend war uns vor Pfingsten 1985 hoher Besuch angesagt worden. Bischof Demke wollte am Dienstag nach Pfingsten mit einem seiner wichtigen Gäste, dem Exarchen der Russisch Orthodoxen Kirche für Osteuropa, dem Erzbischof Feodossij zu uns kommen, um ihm die byzantinischen Wandmalereien zu zeigen. Da er als Kenner auf diesem Gebiet galt, freuten wir uns sehr auf diesen Besuch und bereiteten uns intensiv vor.
Wir wollten den schäbigen Eingang zur Kirche noch innen putzen, eine Decke einziehen und neue Fußbodenplatten aus Sandstein verlegen lassen.
Am Freitag arbeiteten wir beide allein dort. Ich putzte unten, mein Mann nagelte Schalung an die Decke. Durch den wackeligen Boden drehte sich plötzlich seine Leiter herum. Mein Mann krachte rückwärts herunter. Ich konnte gerade noch meinen Fuß dazwischen halten, sonst wäre er mit dem Genick auf die Metallschwelle gekracht. Nun lag er ohnmächtig vor mir. Ich konnte nur voller Angst warten, bis er wieder zu sich kam.
Mit dem Auto, ich machte den Sitz ganz flach, brachte ich ihn liegend ins Krankenhaus. Er wurde geröntgt, ein Wirbel war angebrochen. Nun musste er liegen und fiel für das ganze Pfingstfest aus. Ich rief den Superintendenten Gerhard Schlegelmilch an, der die Vertretung für die Gottesdienste organisierte. Magdeburger Pfarrer sprangen mit ein.

Oben links: Eintrag im Gästebuch von einer Kanugruppe aus Aken 1882.

Oben rechts: Eine Magdeburger Künstlergruppe hat sich eingetragen: A. Blume, B. Groth, D. Fröhner und weitere.

Bild unten: Zeichnung von Werner Wittig 1980

5. KAPITEL

Am Samstag sollte der Steinmetz noch die Fußbodenplatten im Eingang verlegen. Es war nur die kleine Fläche, er würde rasch fertig sein. Da es entsetzlich regnete, hatte der Handwerker aber kurzerhand die Arbeit mit dem Trennschleifer, also das Sägen der Steine, in die Kirche verlegt. Als ich mittags in die Kirche kam, wurde mir ganz schlecht. Die sorgfältig vorbereitete und geschmückte Kirche war mit einer dicken Staubschicht bedeckt, alle Stühle bis zum Altar- alles grau. Und der Gottesdienst und der hohe Besuch standen bevor!

In meiner Verzweiflung rief ich von zu Hause aus alle meine Freundinnen an und bat, mir zu helfen. Und sie kamen alle. So waren wir eine große Truppe, die Pfingstsamstag bis zum Abend dem Staub zu Leibe rückten, obwohl alle selbst viel zu tun hatten. Das hat mich sehr gestärkt.

Zum Hohen Besuch bat ich den Superintendenten und den gesamten Gemeindekirchenrat um Unterstützung. Da es viel geregnet hatte, konnte niemand den Kirchplatz mähen, so sah es verwegen aus. Das fiel zuerst dem Gast auf, der gemächlich mit dem Bischof und dem Dolmetscher auf die Kirche zukam. „Wo ist Kuh zum Mähen?" fragte er empört. "Hat Pfarrer keine Kuh?" Nun ja, wir lachten alle herzlich. In der Kirche erwartete ihn der gesamte Gemeindekirchenrat und die Sopranistin Gertrud Günther, die wunderschön für ihn sang im weißen Kleid. Dann erklärte ich - ebenfalls im weißen Kleid - die Malereien. Er war entzückt und genoss alles sehr. Er war eine beeindruckende Persönlichkeit in langem Priestergewand und langem grauen Bart. Von den Wandmalereien war der Exarch erwartungsgemäß sehr angetan. Aber es war ihm alles nicht bunt genug. Da bieten die stark farbigen Mosaiken der orthodoxen Kirchen freilich mehr.

Aber sie sind die Vorbilder für unsere Malereien gewesen. Für ihn war auch klar, dass unsere Malereien von einem Griechen gemalt wurden.

Die Frauen hatten einen Imbiss in der Christophorus-Kapelle vorbereitet mit Kaffee, Kuchen und Schnittchen. Aber der Exarch war beleidigt, ich hatte nicht an Tee gedacht und auch keinen Teebeutel da. So rannte ich noch rasch in die Nachbarschaft, um Tee zu besorgen. An was man alles denken muß, ich hatte mich blamiert.

Hilfe, kein Instrument   M

Mit der ersten Orgelplanung, d. h. mit dem aus dem Konsistorium empfohlenen Orgelbauer, ging alles schief.
Der wollte sich bereichern, ohne etwas dafür zu tun. Anlässlich eines Gemeindebesuches in seiner Werkstatt, stellten wir fest, dass für eine bezahlte Riesenrechnung noch keine Arbeit geleistet war. Wir waren schlecht beraten worden, konnten aber noch rechtzeitig aus dem Vertrag aussteigen.
Nun hatten wir keine Orgel zum Begleiten bei den Gottesdiensten oder gar zum Konzert.
Aber wir benötigten ganz dringend ein Instrument.
Mein Mann hatte für den Sommer 1979 bei Prof. Bosse in Leipzig angerufen, ein sehr berühmter Konzertmeister am Gewandhaus Leipzig und ihn für ein Konzert bei uns gewonnen.
„Ich bin zwar gerade in Amerika, dann in Japan. Pretzien - wo liegt denn das? Ich bringe Matthias Eisenberg mit, der braucht aber ein gut gestimmtes Cembalo!"
Matthias Eisenberg war uns schon aus dem Rundfunk bekannt, er musizierte in der Bergkirche Oybin.

5. KAPITEL

Aber wir hatten gar kein Cembalo! Mit Ausleihen klappte es auch nicht.
So rief Rüdiger in der Firma „Lindholm Cembalo-Bau" in Borna in Sachsen an, er möchte ein Cembalo kaufen.
Man lachte dort nur, alle Instrumente gingen ins westliche Ausland. Aber nach schrecklichem Drängeln und immer häufigeren Anrufen seinerseits, sagte man uns ein nicht ganz intaktes Instrument zu, das wir überglücklich abholten. Das sollte eigentlich nach England geliefert werden. An dem Cembalo war ein geringfügiger Fehler.
Es waren nur zwei ganz hohe Töne. Darauf musste eben erst mal verzichtet werden. Das Konzert war gerettet und beide Musiker spielten großartig! Die Konzerte mit dem Genie Matthias Eisenberg waren und sind der Renner!
Jedes Jahr kam Matthias mit unterschiedlichsten Musikern zu uns, er war inzwischen der Organist des Leipziger Gewandhauses geworden - bis es auf einmal hieß: Matthias ist im Westen geblieben. Wir waren sehr traurig und mussten umdisponieren.
Dann wurde uns sogar intensiv vermittelt, er sei verstorben. Aber da war uns bald klar: Das war Partei-Taktik. Andere Musiker brachten uns 1988 sogar mal seine Adresse mit. Die wurde uns umgehend geklaut.
So ging unsere erste Fahrt nach der Wende 1989 Ende November in Richtung Hannover, da er dort im Umfeld tätig sein sollte.
Im westlichen Telefonbuch fanden wir seine Nummer und Adresse und mein Mann rief ihn an. Er konnte es kaum glauben, dass wir zu ihm kommen wollten und empfing uns mit großer Freude. Und wie es für einen Musiker zu erwarten war, spielte er uns herrlichste Klassik vor bis morgens um 4 Uhr! Er hatte eine Orgel im Schlafzimmer, ein Cembalo in der Diele und einen großen Flügel im Wohnzimmer. Die führte er uns begeistert vor.
Es war ein wunderbares fröhliches Wiedersehen. In den Osten wollte er aber nie wieder kommen.
Er gab dann doch im Sommer 1990 sein erstes Konzert im Osten bei uns in unserer Kirche auf einem Cembalo!
Und er kommt seither regelmäßig in jedem Sommer und spielt auf unserer schönen Orgel. Seine begeisterten Zuhörer danken es ihm von Herzen.

Der singende Pater Thomas   M

Über die katholischen Amtsbrüder erfuhr mein Mann 1978 von einem singenden Mönch, der gerade auf der Huysburg bei Halberstadt gesungen hatte. Es wäre so großartig gewesen. Wir luden ihn ein. Er kam aus dem Kloster in Dingelstädt im Eichsfeld von den dortigen Franziskanern.
Zum Konzert kamen die Fans mit Fahnen von den Zeltplätzen ringsherum: „Unser Pater Thomas" stand darauf. Die Kirche wurde übervoll, an allen Wänden entlang standen die zu spät Gekommenen, etwa 400 Menschen drängelten sich in die Kirche. Wir haben aber nur 150 Sitzplätze!
Sehr beeindruckend spielte er in der Mönchskutte mit seiner Gitarre und sang dazu. Er hatte eine weiche warme Stimme, dazwischen predigte er ganz einfach. Zu bekannten Melodien, auch Spirituals, sang er eigene Texte. Die waren oft sehr mutig oder auch ungeheuer innig. Das Publikum war begeistert und klatschte sehr. Da waren zwei Stunden schnell vorbei. Seine Lieder wurden noch lange gesungen.

5. KAPITEL

Er hatte eine ganz eigene Aura. Im Jahr drauf brachte er eine kleine Jugendband mit zur Unterstützung. Pater Thomas lockte wirklich unglaublich immer wieder besonders die Jugend, aber er hatte in allen Altersstufen seine Fans. Alle zwei Jahre gab er ein Konzert in unserer Kirche. Und immer war es total überfüllt. Die Menschen gingen tief beeindruckt und froh gestimmt nach Hause. Eines seiner Lieder bleibt mir unvergesslich: „Hol den Himmel ein Stück näher, dass ein jeder sein Ziel erkennt. Lasst die Liebe neu erblühen, dass die Erde mit dem Himmel singt!" 1989 zu Pfingsten besuchten wir ihn im Kloster in Dingelstädt. Er verabschiedete sich von uns, da er das Kloster verließ. Wir haben ihn nie wieder gesehen. Leider!

Taube, Schwalbe, Nachtigall und Kuckuck M

Gelegentlich passierte auch mal etwas Komisches, was stets Heiterkeit erzeugte. Ein Konzert ist mir im Sommer 1980 in besonderer Erinnerung geblieben. Musik des Mittelalters und der Renaissance erklang mit der "capella academica halensis" mit ganz wunderbaren alten Instrumenten, Flöten, Gamben und Laute. Dazu sang die Sängerin Ulrike Taube in herrlichem Sopran das Lied vom Kuckuck. Es war heiß, die Türen standen während des Konzertes offen, was wir öfter machen. Eine Schwalbe flog herein und immer über die Sängerin hin und her. Durch die vielen Menschen wurde die Schwalbe völlig irritiert und noch unruhiger. Draußen begann auch noch dazu direkt in dem Baum an der Apsis vor dem Fenster eine Nachtigall ihr herrliches Lied, aber in einer völlig unpassenden Tonart zu singen.

Taube, Schwalbe, Nachtigall und Kuckuck? Das war zuviel des Guten. Es wurde unruhig im Raum. Wir machten eine Pause und baten das Publikum nach draußen. Als die Kirche leer war, öffneten wir die Klappe zum Boden. So entstand etwas Zug und die Schwalbe fand den Weg nach draußen.
Die Nachtigall etwas weiter weg zu jagen, war leichter und so konnte das Konzert fortgesetzt werden. Es war dann ganz besonders fröhlich!

Besondere Sommer-Musiken R

Als sich herumsprach, dass die Kirche sich gut für Musik eignet, stand eines Tages Kantor Wolfgang Kabus, Dozent und später Professor an

5. KAPITEL

der Hochschule der Siebenten-Tags Adventisten in Friedensau bei Burg vor unserer Haustür. Er wollte sich gern die Pretziener Kirche ansehen und Verbindung zu uns aufbauen.

Ach, das war ein Glück! Er hatte ein besonderes Orchester, das Musiker aus allen großen Orchestern zusammen holte, wenn er es brauchte. Da kamen sogar aus Budapest einige Musikerinnen dazu. Und er hatte einen großartigen Chor mit vielen jungen Sängern.

Die mit ihm gemeinsam durchgeführten Konzerte, jeweils in Friedensau und Pretzien, waren immer der Höhepunkt unseres Musiksommers. 1985 gab es die Sommermusik mit zwei Brandenburgischen Konzerten und der Orchestersuit Nr. 2 von Bach und die Wassermusik von Händel - großartig kann ich nur sagen! Das Publikum war begeistert. Wir beide saßen mit Tränen in den Augen dabei, das ging uns doch sehr nah. Da der Bedarf so groß war, wurde das Konzert gleich zweimal durchgeführt, abends das zweite Mal.

Die Krönung war aber die Aufführung des Oratoriums „Der Messias" von G. F. Händel 1987 mit dem Friedensauer Kammerorchester mit 20 Musikern und dem Chor mit 60 Sängern.

Sollte das in einer Dorfkirche durchführbar sein? Das ging an die logistische Grenze, aber wir besprachen vorher mit Kantor Kabus genau die Aufstellung von Chor und Orchester. Unser Dorftischler Ballerstedt baute ein tolles Podest für die Sänger. Der Chor reihte sich um den Altartisch auf.

Die Stühle im Kirchenschiff baute ich schon in der Vorwoche zurecht.

An den Wänden mussten Kartoffelkisten mit Brettern und Decken die Plätze ergänzen. Und Zusatzstühle wurden wieder überall ausgeborgt.

Nun ging es los: Der Chor kam, die Solisten, die Musiker, insgesamt mehr als 80 Personen, da war die Kirche ja so schon fast voll. Wie gut, dass wir die Christophorus-Kapelle haben. Aber für die Beköstigung reichte der Platz bei weitem nicht.

Zwischen Generalprobe und Aufführung erhielten die Musiker und Sänger in zwei Gruppen in Plötzky im Pfarrhaus Kaffee, Kuchen und Schnitten mit Hilfe vieler Frauen unserer Gemeinden.

Bereits um 14 Uhr kamen aber auch die ersten Gäste in Pretzien an und hörten begeistert vor der Kirche den Klängen der Probe zu.

Die Gäste standen oder saßen auf Campinghockern in einer langen Reihe von der Kirche bis zum gotischen Torbogen und warteten geduldig auf Einlass. Alle wollten dabei sein!

Ab 16 Uhr öffnete ich die Tür und es war erstaunlich, wie viele in die Kirche passten. Es waren so viele Menschen, dass niemand umfallen konnte. Bis zum Kirchturm hoch und im Heiligen Grab war jeder nur erdenkliche Platz besetzt.

Den hinten stehenden Sängern in der Apsis drückte ich für den Fall einer Katastrophe einen Holzhammer für die Fenster in die Hand.

Eine Klappe zum Kirchenboden sorgte für frische Luft.

Im Durchgang stand die Fenstertür offen, dennoch war uns mulmig zu Mute. Mein Platz war auf dem Fußboden neben dem Dirigentenpult. Zitternd und aufgeregt begrüßte ich alle!

Aber es wurde eine einzigartige Aufführung! Wer dabei war, kann es bestätigen!

Die Zuhörer bedankten sich mit einem 13-minütigen Applaus!

Alle waren sehr bewegt. Als Zugabe erklang noch einmal das großartige „Halleluja". Das war Verkündigung pur.

5. KAPITEL

Mit demselben Dirigenten, inzwischen war er Professor geworden, und dem gleichen Orchester aus Friedensau hatten wir zwei Jahre später am 9. September 1989 ein Festliches Kammerkonzert in Pretzien. Es war die achte Musik des Sommers und eine sehr schwierige Situation. Schwierig, weil viele Freunde über Ungarn oder anderswo in den Westen verschwunden waren und niemand sagen konnte, wie es nun mit dem Land weiter geht. Um so mehr Menschen kamen zu uns in die Kirche, um durch Musik und Gottes Wort Stärkung zu empfangen.

Kurz vor dem Konzert hatte ich durch einen Kurier einen Brief erhalten. Diesen hatten die evangelischen Bischöfe der DDR in Eisenach gemeinsam verfasst. Er war ungeheuer mutig. Die Bischöfe forderten große politische Veränderungen, um die Ausreisewelle zu bremsen und den Hierbleibenden Mut zu machen.

Ich überflog ihn kurz, er hatte einen Sperrvermerk - bis 17 Uhr.

Da sollte unsere Musik beginnen. Ich drückte den Brief meiner Frau in die Hand, sie sollte ihn bewachen, da uns ja immer wieder mal etwas „verloren" ging.

Am gleichen Tag hatte unser Sohn einen Einberufungsbefehl zur Musterung erhalten und mutig gesagt: „Ich lehne den Wehrdienst ab, total."

Wir wussten, das heißt Gefängnis und hatten große Sorge seinetwegen.

Aber wenn er mutig war, mussten wir das erst recht sein!

Nach der ersten großartigen Musik des Kammerorchesters standen wir beide vor diesem sicher auch sehr „gemischten" Publikum.

Uns zitterten wirklich die Knie. Ich kündigte die Verlesung eines wichtigen Briefes an, meine Frau las ihn genauso zitternd vor. Danach war - eisiges Schweigen - im Raum. Wer wusste schon, wer neben einem saß in diesen Zeiten, also schwiegen alle. Das Konzert ging sehr gefühlvoll weiter und trug uns in höhere Ebenen.

5. KAPITEL

Samstag, den 26.09.1987 - Die Aufführung des „Messias" von G. F. Händel

Schon beim Hinausgehen tuschelten die Menschen sehr aufgeregt.
Am Ausgang standen fünf Männer in Lederjacken. Ich dachte, sie hätten das Konzert verpasst und wollten noch die Kirche ansehen. Das kommt immer wieder vor. Aber sie wollten mich sprechen. Ich bat sie, erst alle hinaus zu lassen, dann hätte ich Zeit. Aber ich vergaß das ganz.
Wir mussten uns um die Musiker kümmern, abrechnen, Abendbrot servieren und die Kirche aufräumen, wie wir es immer tun.
Nach einer Stunde, als mir die Männer einfielen, war niemand mehr da. Freunde riefen am Abend an und erzählten, was geschehen war:
Das waren dann wohl Mitarbeiter der Stasi, jedenfalls haben die Menschen das sofort begriffen, diese fünf Männer eingekreist und vor der Masse her zum Torbogen geschoben, bis sie vom Kirchengelände weg waren.
Dort standen auch die Überfallwagen bereit.

5. KAPITEL

Man hatte offensichtlich nichts von diesem Bischöflichen Brief gewusst und wollte uns deshalb „zur Klärung eines Sachverhaltes" mitnehmen. Einer unserer Gäste muss das Konzert verlassen und die Staatssicherheit benachrichtigt haben. Diese mussten aber ohne Ergebnis abfahren.
Nach der Wende erfuhr Professor Kabus von einem dieser Leute, der sich bei ihm dafür entschuldigte, dass sie beauftragt waren, ihn und mich mitzunehmen.
Die Lager für solche Leute, wie uns, standen ja schon bereit, wie wir später erfuhren!

Das Konzert im September 1989.

Bei einer Sommermusik im Juni 2005, Blick nach Osten.

5. KAPITEL

Weitere Kunst in Pretzien M

Da ich 1980 nach langer Verzögerung aus unerklärlichen Gründen endlich in den Verband Bildender Künstler aufgenommen wurde, bekamen wir viel Kontakt zu anderen Künstlerkollegen und luden manchen ein. So auch Johann Peter Hinz, ein berühmter Metallgestalter aus Halberstadt.
Er hatte gerade für die Marktkirche in Halle einen besonderen Christus am Kreuz entworfen und aus Metall geformt, Christus, der sich weit vom Kreuz weg auf uns zu beugt. Das gefiel uns sehr. Wir wünschten uns für die neue Christophorus-Kapelle eine Christus-Figur, die ganz anders ist als alles bisher Gesehene.
Das ist ihm großartig gelungen mit dem Kreuz, dass er dann für uns arbeitete. Er nannte es: Der Schrei. Er formte es sogar noch leicht der gebogenen Raumdecke an.
Aber unsere Frauen waren wohl doch etwas überfordert damit. So einigten wir uns darauf, über das Kreuz einige Zeit gar nicht zu sprechen, es nur hinzustellen. Als wir später mal darüber diskutieren wollten, sagten alle einhellig, das sei nun nicht mehr nötig. Inzwischen sei es ihr Kreuz!
Peter Hinz hat uns noch einen schönen Kreuzleuchter gearbeitet und für den Taufstein ein ganz feines Gitter als Auflage für die Taufschale. An den Enden formte er aus Metall die Symbolfiguren der vier Evangelisten: einen Engelkopf für Matthäus, Markus als Löwe, Lukas als Stier und Johannes als Adler.
Diese vier Wesen sind, nach Prof. Nyssen: „nach dem Gesicht Ezechiels und seiner Deutung die vier großen Stationen des menschgewordenen Schöpfungswortes, im Engel das Menschsein, im Stier das Sterben, im Löwen das Auferstehen, im Adler den Aufstieg".
Aus dem Reststück der alten Altarplatte, wir fanden es im Boden im Sand, baten wir den Bildhauer Jochen Sendler aus Magdeburg für unsere Kirche einen Osterleuchter zu arbeiten. Dieser steht seither rechts am Altar mit der großen Kerze. Nach der Wende konnten wir über eine Arbeitsbeschaffungsmaßnahme unsere älteste Tochter Hanna, die schon verheiratet war und woanders wohnte, für einige Zeit anstellen. Sie durfte in ihrem Beruf als Paramentikerin arbeiten und für alle unsere Kirchen wunderschöne Paramente, d.h. Behänge für Altar, Pult und Kanzel anfertigen. Wir freuen uns immer wieder daran und werden auch oft danach gefragt. An der Mensa hat sie die Arche Noah mit dem Regenbogen als Zeichen der Versöhnung Gottes mit den Menschen dargestellt in feiner Webarbeit.

Das Kruzifix „Der Schrei" wurde von Johann Peter Hinz 1980/81 gestaltet.

5. KAPITEL

Plakate und Einladungen   M

Das war ein ganz besonders heikles Thema. Kirchliche Reklame war uns zu DDR-Zeiten ja nur in den eigenen schlechten Schaukästen auf kirchlichem Gelände erlaubt. Und es gab fast keine Möglichkeit, Plakate oder Einladungen zu vervielfältigen. Vieles schrieben wir mit der Hand auf schwarzes Pauspapier. Dann mußte ein kleiner Tausendfach-Stempel für alles Mögliche herhalten. Es war eine sehr schmutzige Arbeit.
Da half später das katholische Bischöfliche Amt in Magdeburg und druckte für uns die Einladungen. Pressearbeit ging nur in der Kirchenzeitung. Mit der Wende schenkte uns eine Kirchengemeinde aus dem Westen ein Ormig-Gerät, das lange seinen Dienst tat. Erst danach waren Vervielfältigungen und Veröffentlichungen kein Problem mehr. Wir haben nun eigene gute Geräte dafür.

Wir hatten schon frühzeitig begonnen, eine Kartei mit Adressen anzulegen, da so viele eingeladen werden wollten. Es wurden immer mehr. Die Umschläge, wir bekamen sie in solcher Menge in der DDR ohnedies nur unter der Hand, schrieben wir beide im Winter. Wenn das Programm soweit feststand, schrieb ich es mit der Schreibmaschine mit möglichst vielen Durchschlägen ab.
Meist wiesen wir dabei auch gleich auf alle Gottesdienste den ganzen Sommer über hin. Rüdiger legte die entsprechende christliche Jahreslosung dazu aus.
Die fertigen Briefe, damals als Drucksache mit 5 Pfennig beklebt, brachten wir nach Orten vorsortiert zur Postbotin im Wäschekorb.
Ein Teil der Briefe kam bald zurück, mit der Bemerkung: „Unbekannt verzogen". Da hatten wieder Freunde den Weg in die Freiheit gefunden. Wir waren tief betroffen! Andere riefen an, weil sie keine Einladung bekommen hatten. Die Briefe waren willkürlich entfernt worden.

Mit dem Anwachsen unserer Kartei wurde auch die Kirche immer voller. Vor der Wende trafen sich dann auch sehr viele Ausreisewillige zu den Konzerten, das erfuhren wir aber erst aus unseren Stasi-Akten, Jahre später.
Da unsere immer schöner werdende Kirche schon als Hochzeitskirche beliebt war, hatte Rüdiger plötzlich viele Hochzeiten von Ost-West-Verbindungen zu halten. Das war meist sehr traurig, da die Ausreisenden für viele Jahre nicht wieder zu ihren Angehörigen kommen durften. Wer hätte damals geglaubt, dass das nicht mehr lange dauern sollte und schon 1989 der ganze Spuk vorbei war?

St. Thomas in der „Straße der Romanik"   M

Mit der Wende 1989 wurde es für uns in jeder Hinsicht sehr viel leichter. Endlich dürfen wir sagen, was wir denken und reisen, soweit der Geldbeutel reicht.
In Plötzky hatten wir mit vielen Engagierten des Bürgerkreises geschafft, dass der Sandabbau bei uns endgültig beendet wurde. Im Dezember 1989 sollte noch mit Rieseneinsatz der ganze Wald und der Berg zwischen Plötzky und Pretzien abgebaggert werden, als Quarzsand für das Heizkesselwerk und andere Betriebe. Ich hatte mich mit einer Gruppe Frauen und Kinder kurz nach Weihnachten direkt vor die Fahrzeuge gestellt und erreicht, dass die Fahrzeuge abzogen, die dort eine Straße bauen sollten!
Wir hatten die Nase gründlich voll von den schlimmen Methoden der DDR-Oberen, uns klein und unmündig zu halten.
Wir engagierten uns sehr stark, organisierten am

5. KAPITEL

12. Februar 1990 eine Demonstration gegen den unsinnigen Sandabbau mitten im Erholungsgebiet. Zu der Demo kamen über 1000 Menschen. Als Bürgerkreis klagten wir sogar gegen den Rat des Bezirkes und bekamen noch im Juni 1990 Recht. Bei uns darf nie wieder Quarzitgestein oder Quarzsand abgebaut werden.

Nun zogen viele auch die Konsequenzen: Wir ließen uns in die neuen Gremien wählen, in den Gemeinderat und in den Kreistag. Ich trat in die CDU ein und habe mich 13 Jahre für neue Verordnungen und besonders für die Kultur in unserem Landkreis eingesetzt. Ich bin stolz darauf, das kleine Schönebecker Orchester mit gerettet zu haben, als fast alle dagegen waren. Das gibt jetzt als Mitteldeutsche Kammerphilharmonie jeden Sommer bei uns ein Konzert und ist ein bedeutendes Orchester geworden unter besten Dirigenten.

1990 bat Minister Rehberger bei einem Restauratorenkongress um Hilfe beim Aufbau einer Touristenstraße „Strasse der Romanik" durch Sachsen-Anhalt.

Mein Mann und ich fanden diese Idee des Magdeburgers Herrn Haase ganz toll und machten über zwei Jahre bei der Planung und Ausarbeitung im Wirtschafts-Ministerium mit. Wir besuchten verschiedene Kirchen und Klöster, wir kannten ja auch nicht alles, aber doch einige. So mussten wir z. B. in Ballenstedt schauen, ob die Schlosskirche geeignet sei. Dort ist nämlich im Turm die Grablage Albrechts des Bären erhalten. Da sah es schlimm aus. Bis vor kurzem hatten genau darauf noch die Gewehre der Stasi gelegen.

Aber Albrecht der Bär, er lebte von 1100 bis 1170, war der Gründer der Mark Brandenburg und des Fürstentums Anhalt und hatte für den Bau vieler romanischer Kirchen gesorgt.

Also mußte auch die Ballenstedter Kirche zur „Strasse der Romanik" gehören.

Wir konnten manches Gebäude vorschlagen, besonders die vielen kleinen noch unbekannten Objekte, wie eben auch unsere Kirche in Pretzien. Da auch Finanzen für die Bauten eingesetzt wurden, wagten wir es, unseren Traum von einer Orgel für Pretzien laut zu denken.

Der Landkreis und Wirtschafts-Minister Rehberger machten das Unmögliche möglich. Viele Spenden haben wir auch unter unseren Musikliebhabern gesammelt, in nur einem Jahr 33.000,- DM! Gekostet hat die Orgel aber 300.000,- DM.

Die Orgel entwarf der Architekt Mormann mit dem Orgelbauer Reinhard Hüfken aus Halberstadt, dessen Firma sie baute. Bei der Intonation begleitete Matthias Eisenberg sehr intensiv die Arbeit. Er hat auch die gesamte Disposition entworfen.

Die Schleierbretter am Prospekt schnitzte nach meinem Entwurf der Bildhauer Werner Nickel aus Nienburg. Ich vergoldete sie wie auch den Zymbelstern mit feinstem Blattgold.

So konnten wir am 15. November 1992 die neue Orgel, die der ehemaligen Orgel nachempfunden wurde, mit einem großen Festgottesdienst und zwei Konzerten einweihen. Es war einfach überwältigend. Die noch fehlenden 7.000,- DM wurden an dem Tag gesammelt!

Minister Rehberger war stolz und glücklich dabei, obwohl er sehr um die Mittel für die Orgel hatte kämpfen müssen. Wir sind ihm wirklich dankbar dafür.

Am 7. Mai 1993 wurde dann in Magdeburg im Kloster Unser Lieben Frauen in Anwesenheit von Bundespräsident Richard von Weizsäcker und einem riesigen Medienaufgebot die „Strasse der Romanik" eröffnet mit 70 Objekten - Kirchen,

5. KAPITEL

Klöster, Burgen u. s. w. als große 8 durch ganz Sachsen-Anhalt. Wir waren stolz, dabei sein zu dürfen.

Am andern Tag, dem 8. Mai, feierten wir in der Pretziener Kirche um 17 Uhr eben diese Eröffnung der „Strasse der Romanik" im Landkreis Schönebeck mit dem Kammerorchester der Telemann Musikschule unter Helge Scholz und herrlicher Musik von Bach und Haydn.

Danach gab es noch einen Festvortrag von Dr. Heinrich Nickel aus Halle zu unseren Wandmalereien. Die Arbeit an der "Strasse der Romanik" wurde nach der Eröffnung vom Projektbeirat unter Leitung des damaligen Regierungspräsidenten Wolfgang Böhm über Jahre weitergeführt. Mein Mann gehörte diesem Beirat an.

Er verwies immer wieder darauf, dass besonders Kirchen und Klöster nicht nur touristische Objekte sind, sondern Stätten des Glaubens, in denen sich auch heute lebendige Gemeinde versammelt.

Die „Strasse der Romanik" hat sich wirklich langfristig etabliert und viele Gäste zusätzlich zu uns gebracht. Dieser große Aufwand hat sich gelohnt.

Fröhliches Feiern nach der Eröffnung der „Straße der Romanik".

Bild oben: Herr Haas aus Magdeburg - Der Erfinder dieser Straße muss ein Stück Torte probieren.
Bild links unten: Die Romaniktorte von Frau Franke aus Pretzien wird angeschnitten.
Bild rechts unten: Frau Reuner und Bischof Dr. Krusche feiern mit.

Herbst 1992 - Die Orgel wird von der Firma Hüfken aus Halberstadt eingebaut.

Die fertige Orgel

Für den Taufstein arbeitete uns Johann Peter Hinz 1982 ein Taufgitter mit den Symbolen für die vier Evangelisten:
Markus - Löwe
Lucas - Stier
Matthäus - Engel
Johannes - Adler

Bild oben: Der schöne gotische Eingangsbogen wurde 1993 durch den Steinmetzmeister Frithjof Meussling restauriert. Das Schild weist nun auf die Straße der Romanik hin.

Bild unten: 1996 erhielten Rüdiger und Maria Meussling die Goldmedaille der Straße der Romanik. Hier die Ausrichtung für die nächsten Preisträger im Januar 1998.

Vordere Reihe: Landrat Klaus Jeziorsky und Frau, Staatssekretär W. Böhm und Wirtschaftsminister Rehberger, sowie Preisträger.

5. KAPITEL

Die neuen Glocken   R

Bei allen Arbeiten auf dem Pretziener Kirchturm sah ich immer wieder das leere Joch der ehemaligen großen Glocke. Vater Kersten hatte mir erzählt, dass er als Kind erlebt hatte, wie die Glocke im ersten Weltkrieg aus dem Turm geworfen wurde und auf der Erde zerbarst. Er erzählte das mit Tränen in den Augen. Ältere Bürger des Ortes schwärmten noch vom wunderbaren Geläut, das weithin als das Schönste galt. Auch die Kirchturmuhr hatte schon lange ihren Geist aufgegeben, die Zeiger waren abgebrochen, die Zifferblätter verrostet. Nun kam der Gedanke auf, die Uhr zu erneuern und eine große Glocke anzuschaffen. Die Kirche selbst war nun in gutem Zustand, außen und innen gut nutzbar.
Wie aber sollten wir Uhr und Glocke finanziell schultern?
Zu Hilfe kam wieder etwas ganz Unerwartetes: Der Regisseur Helge Cramer drehte im Auftrag des MDR einen Film über meine Frau und mich.
Dieser Film „Der Denkmalpfarrer" wurde am 14.09.2000 zur besten Sendezeit im MDR gezeigt. Wir waren gar nicht zu Hause, sondern machten mit Freunden einen Fahrradurlaub auf Mallorca. Mit viel Glück konnten wir in einer Gaststätte den Wirt überzeugen, den Fernseher auf MDR einzustellen. Als wir im Film auftauchten, holte der Wirt die gesamte Mannschaft aus der Küche. Sie alle und viele hereinkommende Gäste freuten sich mit uns über den Film.
Viele hatten in Deutschland diesen Film gesehen, so auch Professor Schmutzler in Wolfenbüttel, der uns 10.000,- DM überwies für die Kirchengemeinde Pretzien. Das war der Grundstock und Beginn einer umfassenden Sammlung in Pretzien, bei Bungalowbesitzern und vielen Gästen.
Alle Spenden zusammen ergaben 53.000,- DM.
Am 7. September 2001 konnte die neue große Glocke mit 516 kg in der Glockengießerei in Lauchhammer gegossen werden, dazu auch noch eine neue kleine Uhrenglocke. Nach einer Andacht, von mir gehalten, stand die große Gruppe Pretziener Bürger beim sehr spannenden Guss der beiden Glocken dabei. Wie das zischte und zum Schluss noch pfiff, ein Urerlebnis.
Die Glockenzier für die große Glocke gestaltete uns Johann Peter Hinz aus Halberstadt mit der Jahreslosung 2001 aus Kolosser 2, Vers 3: „In Christus liegen verborgen alle Schätze der Weisheit und der Erkenntnis". Darüber setzte er ein Medaillon mit den Zeichen des Thomas Becket von Canterbury (1118-1170) die Mitra, den Krummstab und das Schwert. Thomas Becket ist der Schutzheilige der St.Thomas-Kirche und auch bei den Wandmalereien abgebildet. Es ist also die Thomas-Glocke.
Am 14. September 2001 fand die Glockensegnung in der Kirche statt, am Tag des Festes „Christi Kreuzerhöhung".
Unser Fest stand sehr unter dem Eindruck der terroristischen Angriffe in New York. So beteten wir gemeinsam für die Opfer und um Bewahrung für unsere Welt. Mögen diese Glocken nur zum Frieden rufen.
Im Turm konnte die komplette Aufhängung für nun drei Glocken erneuert werden. Denn es hängt ja noch die alte Glocke von 1792 darin.
Zusammen ergibt das ein wunderbares Geläut, über das sich Viele sehr freuen. Firma Beck aus Kölleda hat die Glocken zuverlässig aufgehängt und gewartet.
Gleichzeitig waren neue Zifferblätter, Zeiger und Uhrwerk von ihnen angefertigt und angebracht worden.
Am 20. September schon wurde als Beginn des Dorffestes die Uhr angestellt und die Glocken

5. KAPITEL

geläutet. Das Petersburger Bläserquartett „Barocco" und der Pretziener Männerchor „Orpheus" umrahmten den sehr feierlichen Gottesdienst.
Die Pretziener Einwohner sind sehr stolz auf ihre Glocken und lassen nun tatsächlich zum täglichen Abendläuten die Hände ruhen.

Das Symbol des Christus mit Sonne und Mond auf der Glocke.

Pretziener Kinder schmückten die Glocke bei ihrer Ankunft mit einem Efeukranz.

Die Seite der Glocke mit dem Symbol des Schutzheiligen unserer Kirche Thomas Becket von Canterbury: Bischofsmütze, Krummstab und Schwert gestaltete wieder Johann Peter Hinz 2001

5. KAPITEL

Partnerschaftliche Hilfe   R+M

Mancher mag fragen: Hattet Ihr denn keine evangelische Partnergemeinde im Westen? Von dort wurde vielen Ostkirchengemeinden zu DDR-Zeiten sehr geholfen. Das war bei uns schwierig. Zuerst hatten wir keine Zeit dafür.
Erst spät fanden wir heraus, welche Kirchengemeinde im Westen in Frage kam. Und wir bauten Kontakte auf, luden Pfarrer Fischer mit der Familie ein. Die Gemeinde in Weimar-Roth bei Marburg war nicht groß, aber mit Bastelmaterial und persönlichen Dingen halfen sie in unseren Gemeinden sehr.
Die guten Kontakte zur Patengemeinde blieben auch noch lange nach der Wende erhalten und wurden durch gegenseitige Besuche verstärkt.
Wir freuten uns immer, wenn andere westliche Gäste kamen und Kaffee oder Zigaretten für unsere Handwerker mitbrachten, damit ermunterten wir diese sehr.
Eine ehemalige Pretzienerin, Iselin Gundermann, die inzwischen in Bonn lebte, half uns mit guten Farbabzügen für die Dokumentation unserer Arbeit und mit einer großen Spende.
Als es mit der Heizung für die Christophoruskapelle 1980 überhaupt nicht klappen wollte, alle Gottesdienste und Frauenkreise im Winter wären sonst ausgefallen, geschah das große Glück, das uns eine Schweizer Kirchengemeinde besuchen wollte: „Womit können wir euch helfen?" wurden wir gefragt. Wir baten um kleine elektrische Heizkörper für die Kapelle.
Sie brachten vier Stück mit und einen Wäschekorb voll Bananen und Weintrauben. Das Obst verteilten wir an staunende Alte, Kranke und Kinder, welch warmherzige Zuwendung!

Gäste aus der Partnergemeinde Weimar-Roth, das Ehepaar Weimar, Pfarrer Gerhard Fischer mit Tochter und Pfarrer Rüdiger Meussling

6. KAPITEL

Die romanischen Malereien

Wann werden die Malereien endlich restauriert? M

Schon vorher, aber nun erst recht, kamen unzählige Gruppen und Einzelpersonen, um unsere Kirche zu sehen. Sie benötigen fachgerechte, aber auch geistlich durchdrungene Erläuterungen.
So begann mein Mann und ich Gemeindeglieder für diese Aufgabe zuzurüsten. An jeweils drei Nachmittagen gab es richtigen Unterricht. Da wurde ausführlich über die Wandmalereien, aber auch etwas Kunstgeschichte und die Methoden einer Führung gesprochen. Auch in dem Pretziener Frauenkreis, ja sogar zu Predigten in der Kirche, wurden die Themen der Wandmalereien immer wieder behandelt.
Mehrere geeignete Personen tragen über Jahre hin die Führungsarbeit mit. Es wurden Programme oder Spiele für Kinder mit erarbeitet. Seit der Wende war nämlich das Nachbarhaus zur Kirche hin Landschulheim und viele Kinder-Gruppen besuchten auch die Kirche.
Es ist nicht so einfach, diese Malereien zu erläutern. Sie sind nicht für jeden gleich zu erkennen. So lächeln wir über die immer wieder auftauchende Frage: Wann werden die Malereien endlich restauriert? Oft fragen dies Gäste gleich vorn an der Tür. Sie haben sich noch gar nicht die Mühe gemacht, herein zu kommen!
Hoffentlich werden sie nie ergänzt, denn das genau meinen diese Neunmalklugen!
Wir Restauratoren haben damals lange über diese Frage nachgedacht und kamen zu dem Schluss: Es geht nicht!
Die Malereien wurden ja 1977 gesichert und sind auch nicht gefährdet. Viele der ursprünglich verwendeten Farben sind nicht mehr im originalen Zustand. So ist der heute braun wirkende Farbton ehemals Karminrot gewesen. Da die Farbe etwas Blei enthielt, ist sie oxydiert. Wo Gold war, ist heute ein helles Rot geblieben, d. h., der Bolus, die Unterlage ist noch da. An manchen Stellen ließen sich die darüber gestrichenen Farben gar nicht lösen und verfälschen nun den Eindruck. Dies nur als Beispiele. Da hat sich noch viel mehr verändert.
Damals versuchte ich eine einfache Grauretusche mit Aquarellfarben an einer der Törichten Jungfrauen, die Arbeit dauerte fast vier Wochen und der Effekt war nicht so gut, wie erwartet! Heute schon sieht die Aquarellfarbe ganz anders aus. Wie gut, dass ich das nicht weiter gemacht habe.
So sind die Pretziener Wandmalereien eben doch im Original geblieben! Aber sie waren ursprünglich sehr stark farbig, ja leuchtend. Vorbilder dafür sind die orthodoxen oder byzantinischen Mosaiken! Ob uns das heute so gefallen würde?
Der nur noch sanfte Farbton fordert dafür genaues Hinschauen. Und ich freue mich immer wieder, wenn ich Kindern die Malereien erklären darf. Sie sehen alles das, was da ist, ganz schnell. Erwachsene haben das oft verlernt und brauchen Hilfen und Erklärungen.
Da ich keine Kunsthistorikerin, sondern Restauratorin bin, kann ich die Wandmalereien auch nur so beschreiben, wie ich sie sehe. Ich habe sie ja in den vier Jahren meiner Arbeit ganz genau gesehen und näher als jeder andere. Oft bin ich überrascht, wie ungenau gerade Kunsthistoriker die Malereien in wichtigen Büchern beschreiben. Deshalb möchte ich das nun ganz aus meiner Sicht tun.

Die Apsis als Krönung des heiligen Raumes M

Oben in der Mitte sitzt Christus als Segnender auf einem hohen gelben Thron mit gelber Lehne,

6. KAPITEL

man sieht sogar ein dickes Kissen. Die Rechte hält er in der typischen orthodoxen Fingerhaltung zum Segen oder Schwur. Was er in der Linken auf dem Knie hält, ist nicht mehr zu erkennen - wohl die Bibel.
Sein ehemals türkisblaues Untergewand ist fein gefaltet und hat am Kragen einen breiten Goldstreifen. Sein jetzt dunkler Mantel, ehemals Karminrot, ist über die Schultern drapiert und mit vielen Goldstreifen verziert, sehr königlich. Am Knie fällt dann auch noch eine goldene Halbkugel mit Kreuz, eine Sphaira, auf.
Christus - der Herrscher über die Welt, Christus Majestas - sagt die Fachwelt.
Das sehr feine Gesicht ist mit langen Haarlocken umgeben, an der Stirn sind zwei feine Löckchen, wie auch rechts beim Johannes.
Das im Heiligenschein enthaltene Kreuz ist Hinweis auf Jesus als den wahren Menschen und den wahren Gott. Das Kreuz war karminrot und die Fläche vergoldet.
Die Mandorla hatte einst ein breites Farbspektrum in den Regenbogenfarben. Es ist nun leider stark reduziert. Aber hinter Christus gibt es noch einen breiten Streifen in Weiß zwischen Rücken und Thron. Der Himmel dazwischen ist fast nur noch grau, der letzte Kalk als Bindemittel eines feinen natürlichen Blau, wohl aus echtem Azurit.

Im breiten linken Zwickel steht sehr überlang die große Marienfigur, Maria nach rechts gedreht zu Christus hin mit offenen Händen in geradezu königlicher Haltung. Sie ist auffallend auch königlich geschmückt mit feinem Gewand, breiten goldenen Bündchen an den Armen, an der Schulter gar eine goldene Weintraube, am türkisfarbenen Kleid ein breiter goldener Streifen wie Stickerei. Über ihrem offenen Haar trägt Maria ein Tuch, das sich auf den Schultern staucht und links in spitzem Zipfel herunter hängt. Auf dem Kopf hat sie eine große doppelte Königskrone mit Enden in Lilienform, auch in Gold.
Und dazu den goldenen Heiligenschein wie bei Christus, dies alles zusammen spricht für die Bedeutung der Maria hier als Ecclesia, als Mutter Kirche, die demütig Christi Weisung entgegen nimmt.
Marias unterer Gewandsaum ist schon der frühen Gotik zugewandt, gestauchte Umschläge und spitze, über den Rahmen reichende Zacken. Dies redet hier für die Mittlerrolle der Maria zwischen Gemeinde und Christus.

Als Vorbild für Maria hat möglicherweise eine echte Königin gewirkt: Editha oder Adelheid, die Frauen Kaiser Otto I.
Sonst wäre Maria hier wohl nicht so bewusst königlich gemalt worden.

Auf der Gegenseite der Apsiskonche steht an dieser Stelle Johannes, der auf Christus Hinweisende, auch er demütig zu ihm hingedreht, aber wesentlich einfacher verziert. Bis auf eine goldene Borte im türkisfarbenen Mantel und dem goldenen Heiligenschein, hat er nichts Schmückendes, er steht im langen Gewand sogar barfuß vor Christus. Er lebte in der Wüste und wies schon vorher auf Christi Kommen hin.
Nachzulesen im Johannes-Evangelium 1.
Je über den äußeren Apsisfenstern stehen auf dem Rad zwei Seraphim mit je sechs Flügeln, wie sie im Alten Testament bei Jesaja 6, Verse 1 - 8 beschrieben werden. Die Engel halten die Hände ausgebreitet, es waren 1973 beim Freilegen noch die glühenden Kohlen in rot und schwarz sichtbar, das wusch der Restaurator leider mit ab. In den Zwickeln darunter saßen dann wohl zwei Cherubim, die die Mandorla halten, das ist unklar.
Alles zusammen bildet den Göttlichen Hofstaat

6. KAPITEL

um den endzeitlichen Gott, der von breiten Borten ringsherum, auch in den Fensterwandungen umgeben ist.

Darunter darf die Darstellung von Heiligen und Kirchenvätern nicht fehlen, es sind insgesamt acht in Fensterhöhe und ehemals noch vier auf der östlichen Chor-Stirnwand.

Dort ist auf der nördlichen Seite eine leider nur schwer zu erkennende Darstellung des Schutz-Heiligen unserer Kirche Thomas Becket von Canterbury zu sehen.

Der 1170 ermordete und 1173 heilig gesprochene Thomas Becket ist schon sehr früh im näheren Bereich verehrt worden, es gab 1203 in Magdeburg schon ein Thomas-Stift und in Halberstadt eine Thomas-Kirche. 1220 wurden die Reliquien des Heiligen in England auf die Altäre erhoben. Alles das passt gut zu der Darstellung unseres Schutzheiligen.

Da unsere Kirche, durch Prämonstratenser Chorherren aus Leitzkau erbaut, lange zum Kloster Unser Lieben Frauen in Magdeburg gehörte, ist der Erzbischof Albrecht II. von Käfernburg (amtierte 1205-1232) auch für Pretzien zuständig gewesen. Hat er womöglich dafür gesorgt, dass der griechische Maler Rhesus, der vorher gerade den Magdeburger Dom ausmalte, nach dessen Brand 1207 in Pretzien Arbeit bekam und diese Kirche ausmalte?

Leider ist das nicht mehr beweisbar, aber möglich. Die große Qualität der Malerei könnte aber dort begründet sein.

Innenraum nach Osten

Die Majestas Domini füllt die Konche der Apsis aus.

Bild oben: Blick in den Triumphbogen, Hoher Chor und Apsis

Bild unten links: Apsis unten zwischen Ost- und Nordfenster, vermutlich die Heilige Agnes mit dem Lamm

Bild unten rechts: Apsis unter Kämpferstein, drei unbekannte Heilige

6. KAPITEL

Der Hohe Chor   M

An den Chorwänden wie auch im Schiff ist der Putz zum Zeitpunkt des Bemalens bereits trocken gewesen. Die zwei Weihekreise (fünf in der ganzen Kirche) an den Chorseiten verraten uns, dass die Malereien der Apsis gleich geweiht wurden. Sie sind innen hellrot ausgemalt und blieben dann beim weiteren Malen einfach stehen. Sie wurden integriert.
Weitere Kalkschichten wurden aufgetragen und darauf die Geschichten dargestellt, also in secco-Technik d. h. trocken. So hat aber die Malerei längst nicht so gut gehalten und muss schon sehr früh Verluste gehabt haben und überstrichen worden sein.
Da hat man offenbar die Kirche anders gestaltet, hat im Triumphbogen einen Querbalken für ein Christuskreuz eingesetzt, hat dabei Stücke der Wandmalerei mit in das Balkenloch hineingeschoben. Vielleicht hat man den Lettner, dessen Reste wir ja fanden, verändert und eine Kanzel an der Wand befestigt?
Es gibt da allerhand, was man immer noch nicht erklären kann und auch die Kunsthistoriker wussten bisher keine Lösung.
Aber diese Veränderungen zeichnen sich an den Wänden ab und stören auch das Verständnis der nun wieder frei gelegten Geschichten.
Wir Restauratoren haben ganz am Anfang noch vor der Freilegung der Malereien im Chor spät abends Untersuchungen mit der Quarzlichtlampe gemacht, um zu sehen, ob dort oben ebenfalls Malereien sein könnten. Das wirkt aber nur, wenn in den Farben Weiß enthalten ist.
Auf den Chorwänden fanden wir eine große Aufteilung mit Bögen und einer Mittel-Teilung, genau wie es den Malereien dann entspricht. Im Chor im oberen Bereich sind die Klugen und Törichten Jungfrauen dargestellt, je drei sind noch gut zu sehen. Sie sind umgeben von breiten Ornamentfeldern.
Über die Klugen und Törichten spricht Jesus im Gleichnis, so wie es Matthäus im 25. Kapitel, Verse 1-13 aufschrieb: „Das Himmelreich ist gleich 10 Jungfrauen, die ihre Lampen nahmen und dem Bräutigam entgegen gingen. Fünf von ihnen waren töricht und fünf waren klug …"
Die Fenster im Chor waren später ebenfalls vergrößert worden und führten dadurch zum Totalverlust von großen Malereiflächen.
Die Klugen stehen aufrecht und tragen ihre grünen Becherlampen mit den weißen Flammen. Es sind große fröhliche Frauen mit offenem Haar, die alle eine kleine goldene Krone tragen.
Die Törichten haben dafür nur einen Reif auf dem Haar, sind leicht gebeugt und halten die Lampen nach unten. Alle stehen unter mit Dächern verzierten Bögen zwischen marmorierten Säulen mit Kapitellen und Basen.
Diskutierende Propheten mit Spruchbändern in Medaillons bilden darunter einen umlaufenden Streifen im Wechsel mit Blumengebinden.
Die untere Bildgeschichte war zuerst sehr rätselhaft für uns. Aber dann fanden wir Buchstaben direkt über den Figuren, z. B. „Rebecka". Ach, die Jacobsgeschichte wird dort erzählt.
Wie heute bei einem Comic hat man damals auch schon Szenen aneinander gesetzt. Türme oder Säulen begrenzen oder betonen den Raum, darüber Dachlandschaften. Gelbe Tücher hängen in Innenräumen von der Decke.
Vater Isaak liegt im geflochtenen und gedrechselten Pfosten-Bett, vor ihm steht sein Sohn Esau mit der Armbrust auf der Schulter.
Er möchte den Erstgeburts-Segen des Vaters haben, was ihn zum Erben des gesamten Vermögens macht. Der Vater schickt ihn in den Wald, ein

6. KAPITEL

Wild zu jagen. Es ist in der zweiten Szene noch zu ahnen, ein Busch und Tierbeine verraten dies. Dann erhält Rebecka von Jacob ein Tier, vielleicht eine Ziege. Eine Küche mit großem Topf über dem Feuer, in dem Esau rührt, soll wohl die Szene mit dem Linsengericht darstellen. Er hat das Erstgeburtsrecht für einen Teller Linsen an seinen Zwillingsbruder Jacob verschenkt. Ganz in der Ecke ist Rebecka dabei, Jacob die Kleider Esaus anzuziehen. Auf der Nordseite gibt es die Bettdarstellung gleich zweimal, zuerst kommt Jacob zum Vater, als Esau verkleidet.

Dass der Vater ihn nicht erkennt, sieht man auch an dem Fell in Jacobs Gesicht und an dem Heiligenschein, also den Erstgeburtssegen, den er vom Vater erhielt. Aber nun tritt Esau mit einemTablett zum Vater, auf dem der Braten und ein Apfel für ihn liegen. Aber der Segen ist schon vergeben, Esau bekommt ihn nicht mehr!

Nun schließt leider der schlecht erhaltene Bereich an, aber der aufmerksame Besucher erkennt das Gewand Rebeckas und die Beine mit Stiefeln von Jacob. Jacob ist also von der Mutter weit weg geschickt worden, um Esaus Wut zu entgehen.

Vom Traum Jacobs mit dem Engel und der Himmelsleiter sind nur der schlafende Jacob und ein paar Sprossen der Leiter da.

Den Abschluß ganz rechts macht Esau, der seinem Bruder Jacob verzeiht.

Vielleicht helfen meine Zeichnungen etwas beim Verständnis dieser Szenen. Und zum Nachlesen in der Bibel: 1. Buch Mose / Kapitel 27-33.

Der Triumphbogen M

Hoher Chor und Kirchenschiff sind bei diesen frühen Kirchen stets mit dem leicht wirkenden Triumphbogen verbunden, der auf den Kämpfersteinen zu beiden Seiten aufliegt.

Seine Unterseite ist mit bemalt, sogar beide Kämpfersteine sind miteinbezogen. Auf der nördlichen Seite ist bis über die Mitte reichend die Ahnenreihe Jesu, zwar sehr verkürzt, aber lebendig gemalt.

Am Beginn liegt mit einer dunklen Decke zugedeckt der Ahnvater Jesse schlafend. Aus ihm wächst der grüne Baum mit vielen Ranken heraus, umschließt zuerst David mit einer gelben Harfe als König gekrönt, dann folgt Jechonja mit einer weißen Lilie in der Hand, nun im nächsten Oval Maria, ebenfalls gekrönt. Den wichtigsten Platz nimmt dann Jesus ein. Wer gute Augen hat, sieht die seitlichen Ranken genauer an. Auch dort sind kleine Könige hineingemalt, insgesamt sind es zehn Könige. Aber dann tummeln sich auch noch Hasen, Löwen und Vögel in den Zweigen des Lebensbaumes.

Nachzulesen im Alten Testament Jesaja 11, die Verse 1-10.

Die zwei großen Heiligen oder auch Engel der Gegenseite sind bisher noch nicht gedeutet. Vielleicht erkennst Du etwas darin? Schau genau hin. Die sechs kleinen Medaillons dazwischen gehören vermutlich zu den kleinen Propheten. Dort wurde beim Malen schon etwas nachgebessert und so hat der eine der Propheten heute einen schwarzen, ursprünglich karminroten, Heiligenschein. Dort oben aber sieht man noch ganz genau die feinen weißen Höhungen, die in den Gesichtern als Letztes aufgetragen wurden, Augenbrauen und Augen fallen besonders auf. Nur dort blieben sie erhalten.

Unter den Kämpfersteinen sitzen auf Thronsesseln je zwei der vier Evangelisten mit weißen Spruchbändern in ihren Händen, auf denen in

Die Chorseite nach Süden: Oben noch drei der fünf klugen Jungfrauen, in der Mitte Prophetenhalbmedaillions und Blumen. Darunter die Isaakgeschichte.

Chorseite nach Süden: Darstellung wie links, nach Befund nachgezeichnet und ergänzt von Maria Meussling

Die Chorseite nach Norden: Oben drei der ehemals fünf Törichten Jungfrauen, Mitte Prophetenmedallions und Blumen, unten die Fortsetzung der Isaakgeschichte.

Chorseite nach Norden: Darstellung wie links, nach Befund nachgezeichnet und ergänzt von Maria Meussling

6. KAPITEL

schwarzer, leider verlorener Schrift, der jeweilige Anfang des von ihnen geschriebenen Evangeliums stand, natürlich in Latein.
Auch hier wieder sollten breite umlaufende Schmuckbänder in der Malerei den Eindruck von Borten erzeugen. In der Apsis fanden wir sogar in regelmäßigen Abständen genau unter den Borten Holzdübel, an denen wohl Teppiche hingen.
Einen edlen Eindruck muss der gesamte vordere Bereich nach der Ausmalung gemacht haben. Dieser Bereich beinhaltete auch den Lettner, von dem wir nur die untere Ausführung wissen, aber nichts über sein Aussehen. Konnten die Gläubigen in der Kirche etwas von den Malereien sehen oder war das ganz den Klerikern vorbehalten? In der Pretziener Kirche leiteten Prämonstratenser Chorherren, die aus dem Kloster Leitzkau kamen, die Gottesdienste. Dieses Bildprogramm war doch viel zu schwer für Menschen, die nicht lesen konnten. So musste es sicher schon damals erklärt werden. Die sehr abgetretenen Stufen des Laienaltares im Lettner zeugen von ständiger Bewegung der Gläubigen im Kirchenraum. Ihnen wurde durch Erläuterung der Bildgeschichten die biblische Botschaft nahe gebracht.
Der Lettner wurde durch die linke Pforte betreten, mit dem Herzen zum Altar und durch den rechten Bogen wieder verlassen.
Nun war ja auch noch die Stirnwand des Schiffes, also die östliche Saalseite mitbemalt.

Lest die Bibel! M

Das ist nun wirklich das Wichtigste an der Seite zu den Gläubigen hin und durchaus verständlich für alle.
Ich hole noch etwas aus: Beide Seiten waren in drei Etagen geteilt, breite, heute dunkle, Streifen teilen die Wand auf.
Auf der nördlichen Seite ist fast alles durch die Verbrennungen, die der große Ofen unter der Empore lange Zeit angerichtet hat, zerstört oder verfälscht.
Nach meiner Meinung ist im oberen Fach der Tanz der Salome vor Herodes dargestellt. Herodes sitzt unter einem Dach an einem gedeckten Tisch. Links bringen Diener Essen herein, während von rechts ein Diener ein Tablett heranträgt, vermutlich mit dem Johanneshaupt. Vor dem Tisch tanzen mehrere Personen, eine Frau steht dazu sogar auf den Händen.
Die im mittleren Fach dargestellte Szene kann auch ich nicht wirklich deuten. Die untere war gar nicht mehr erkennbar. Wir überstrichen die Fläche neu.
Nun die südliche Seite - dort kann man wesentlich mehr erkennen, wenn man Geduld mitbringt:
Es ist das Gleichnis Jesu aus dem Lukasevangelium Kapitel 16, Verse 19 - 31: das Gleichnis vom Reichen und dem armen Lazarus.
Im oberen Fach ist, wie auf der linken Seite, hier auch an einem großen Tisch unter einem Dach eine Gastmahlszene dargestellt, hier das Gastmahl des Reichen Mannes. Viele Diener auf beiden Seiten bringen Essen. Vor dem faltenreichen Tischtuch erkennt man eine kleine Person- den Armen. Er erhält nichts vom Essen, dafür aber der dalmatinerartig gefleckte Hund zu Füßen des Reichen.
Die mittlere Ebene breitet nun das Thema aus:
Links stirbt der arme Lazarus und wird auf einer Strohmatte ganz arm beigesetzt, aber bei ihm sind zwei Engel, die aus seinem Mund seine Seele in Empfang nehmen. Wie ein Baby sieht die Seele aus. Den zweifachen Platz nimmt die Sterbeszene

6. KAPITEL

des Reichen daneben in Anspruch. Man sieht viele Personen um sein gedrechseltes Bett herum stehen, als er stirbt. Doch der zarte graue Schatten darüber ist der Tod, der die Seele des Reichen aus ihm herauszieht.
An der unteren Ebene gibt es durch die Balken der ehemaligen Empore eine große Störung. Die Szene ist dennoch nachzuvollziehen:
Direkt unter dem Kämpferstein steht der gestorbene Lazarus mit einem türkisfarbenen Kreuz auf der Schulter. Er trug im Leben sein Kreuz und darf deshalb bei Abraham sein im Paradies des Himmels. Abraham ist nur zum Teil sichtbar, auf dem Thron mit Blätterverzierung sitzt er mit nackten Füßen.

Den Heiligenschein erkennt man noch. Und nun rechts, viel schmaler der Bereich, rote Teufel von drei Seiten halten eine nackte Figur, den Reichen, in der Hölle fest.
Zwei Spruchbänder fallen auf. Vom reichen Mann ausgehend kann man sogar „LAZARU" lesen. Der Reiche ruft zum Armen: Hilf mir heraus, Lazarus. So ist es gemeint. Aber Abraham durchstreicht es mit seinem Spruchband wie ein Kreuz. Dort müsste stehen: Aber du hattest doch die Propheten, hättest Du das nur gehört! Der Missionsauftrag der Prämonstratenser wird hier deutlich. Es ist ganz wichtige Sprache des Mittelalters: Lest die Bibel. Damals haben die Gläubigen das bestimmt verstanden!

Triumphbogen nach Süden: Eines der Prophetenmedallions - Nur hier noch sieht man die ursprünglichen Höhungen der Malerei in Rot und Weiß

Triumphbogen nach Süden mit sechs Prophetenmedallions, unten unbekannte Darstellungen.

Bild oben: Triumphbogen nach Süden unter dem Kämpferstein, Darstellung von zwei Evangelisten mit Spruchbändern

Bild unten: Triumphbogen nach Norden, Darstellung von zwei Evangelisten mit Spruchbändern

Schiff-Ostseite nach Norden: Oben Darstellung Tanz der Salome. Unten Darstellung unklar. Nach links schließt die Malerei Seelenwaage an.

Schiff-Ostseite nach Süden: Darstellung Geschichte des reichen Mannes und des armen Lazarus

6. KAPITEL

Zwei Seelenwaagen M

An der Nordseite im Schiff gibt es eine leider nur noch schwache Malerei. Dort war eine Seelenwaage dargestellt. Ob meine Zeichnung davon etwas verständlich macht? Ich denke, man hatte diese wohl noch in den Gedanken, als die Malereien irgendwann überstrichen wurden und malte deshalb später im Turmbogen hinten noch einmal eine Seelenwaage. Sie ist sehr viel einfacher, sowohl in den Farben, als auch in der Darstellung. Durch meine Ergänzungen ist sie gut erkennbar:
Da geht es um gute und schlechte Taten, die gegeneinander abgewogen werden. Der Erzengel Michael fliegt heran und trägt die Waage.
Bei dieser Darstellung ist Maria als Mittlerin dazu gekommen. Sie hilft auf der rechten Seite der verstorbenen Seele ganz entscheidend, indem sie die Waagschale mit der Seele schwer macht und herunterdrückt. Die kleine weibliche Seele hält in der Hand eine Oblate und eine Kerze. Das soll bedeuten, dass die Sterbende noch das letzte Abendmahl erhalten hat.
Da können sich die Teufel anstrengen wie sie wollen, mit schweren roten Gewichten ihre Seite beladen, sich daran hängen oder die andere hoch drücken, alles klappt nicht. Unten kommt sogar noch ein Teufel, mit Krone und Schleier die Maria kopierend, auf einem Menschen angeritten, der einen Geldbeutel schwingt. Wer am Gelde hängt, landet beim Teufel! Da lächelt sogar der Tod ganz mild. Wirklich beeindruckend diese Darstellung, neben dem großen Christophorus, war sie ganz wichtig auf dem Weg zum Heiligen Grab in unserer Kirche.
Christophorus findet sich besonders in Kirchen am oder in der Nähe von Wasser. Schauen Sie nur, welche Fabelwesen sich da im Wasser befinden.
Sie drohen, den Christophorus zu beißen und sehen gefährlich aus.
Besonders die Fischer, die täglich schon früh mit dem Boot los mussten, gleich da unten am Hafen, erbaten sich von Christophorus den Tagessegen, damit sie im Leben beschützt sind.
Es konnte unterwegs immer viel passieren. Darum ist Christophorus noch heute für alle Reisenden der Schutzpatron.
Erst zuletzt geht der Weg in diesem Raum zum Heiligen Grab. Wir dürfen ganz demütig über Christi Tod und Auferstehung nachdenken.

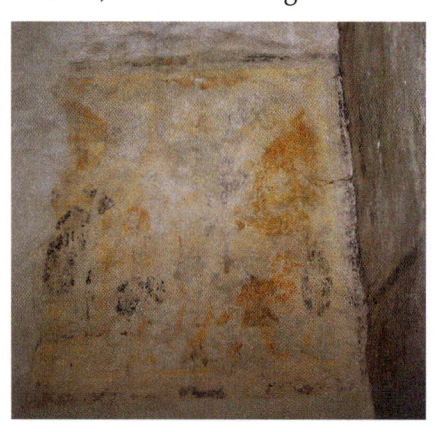

Schiff-Nordwand im Anschluss an die Ostwand - Seelenwaage der Romanik mit Engel und Teufeln

Triumphbogen zum Turm nach Norden: Seelenwaage von etwa 1300 mit Erzengel, Teufeln, Tod und Maria

Das im Turm unten um 1300 nachträglich eingebaute Gewölbe, ein Heiliges Grab als Nachbau des Grabes Jesu in Jerusalem, mit alter Kalkverschalung und Schlitzfenster. Blick nach Süden. Die Haken an der Decke dienten zur Aufhängung eines Sarges.

Das Heilige Grab wie zuvor - Blick nach Norden. Man sieht die alte Tür mit Holzbalkenschloss.

6. KAPITEL

Scheinwerfer auf dem Kreuz?   M

Noch etwas ganz Besonderes hat diese Kirche aufzuweisen. Ob es hier mal ein Kreuz mit einem Einschluss, einem Splitter vom Heiligen Kreuz Jesu gab? Wir wissen dies nicht, es könnte aber sein. Diese Kirche ist so gebaut, dass am 14. September abends um 19 Uhr Sommerzeit, eigentlich also um 18 Uhr, genau zur vollen Stunde, die Sonne durch eines der zwei Okuli - die runden Fenster - im Turm unten quer durch die ganze Kirche bis auf das Altarkreuz, auf den Christus scheint.

Mein Mann hat das mit Vater Kersten durch Zufall entdeckt. Er hatte ganz neu das Holzkreuz mit der Christusfigur aus dem ehemaligen Kloster in Plötzky auf die Reliquienvertiefung der Mensa gestellt. Die beiden Männer ruhten von der Arbeit aus und beobachteten die Sonnenstrahlen beim Wandern durch die Kirche. Und plötzlich - es war genau 19 Uhr - stand der Sonnenkreis wie eine Glorie direkt auf dem Christus.

Es gibt ein altes Fest, Christi Kreuzerhöhung, das man seit Jahrhunderten in vielen Kirchen feierte! Heute kennt dies noch die Katholische Kirche.

Da das schon ein ganz altes Fest ist, das schon die Christen seit 320 n. Chr. feierten in Erinnerung an die Wiederauffindung des Kreuzes Christi, wird die Kirche wohl gleich so gebaut worden sein. So erklärt sich auch die Verschiebung dieses Gebäudes von der Ost-West-Ausrichtung um 16,3° nach Süden, die der Architekt Herr Rudhard aus Magdeburg genau nachgemessen hat.

Die Sonne scheint ja nicht immer an dem Tag, aber wenn sie scheint, ist es ein Erlebnis. Nirgends kann man sonst so direkt spüren, wie rasch die Erde sich dreht, wenn der Scheinwerfer des Fensters auf das Kreuz zu wandert. Christus scheint uns dann vom Kreuz herab entgegen zu kommen!

An dem Tag öffnen wir immer die Kirche und viele kommen, um dieses Geheimnis mit zu erleben!

Die so genannten Okuli-Fenster von außen und ihre Wirkung im Inneren. Sie geben das Sonnenlicht abends bis zum Altar.

Das spannende Wandern des Lichtes am 14. September jedes Jahres und die Stellung auf dem Kreuz genau 19 Uhr.

6. KAPITEL

Gott schreibt auch auf krummen Linien gerade R

Von wem mag der Spruch stammen! Auf jeden Fall auch von mir! Krumme Linien gab es viel in meiner Pfarramtstätigkeit.
Wie sollte ich das als Pfarrer verkraften, immer wieder krumme Wege zu gehen für die Erhaltung meiner Kirchen.
Holz beschaffen, Dachmaterial, Zement und Kalk, nur Kies gab es genug. Aber der „Kies", den wir brauchten, war manchmal schwer zu beschaffen. Das war nach der Wende wesentlich einfacher.
Wie oft mußte ich mich verbiegen, wie oft kratzen, wie oft mich bücken und den aufrechten Gang, den direkten Weg verlassen.
Und das alles wegen der schlimmen DDR-Mangelwirtschaft. Da hatte ich viele schlaflose Nächte. Konnte ich mich damit trösten, dass es vielen meiner Amtskollegen ebenso ging? Auch sie waren unermüdlich dabei, ihre Kirchen zu erhalten.

Welch eine Verantwortung habe ich immer wieder übernommen für alle, die freiwillig mitarbeiteten und manchmal soviel wagten, auf dem Dach, dem Turm, beim Gerüstbau und manch anderem. Als die Prämonstratenser die Thomas-Kirche bauten, waren sie redlicher.

Staunend stehe ich heute davor: Was durften wir erreichen. Wir wollten das Erbe unserer Vorfahren erhalten, für die, die nach uns kommen. Wir wollten einen wundervollen Kirchenbau für vielfältigen Gebrauch nutzbar machen.
Dabei ist uns etwas gelungen, was wir nicht mal ahnten: Die Kirche hat wieder eine Seele. Sie klingt in jeder Hinsicht.
Gehen Sie mal allein, vielleicht sogar singend, durch den Raum. Sie spüren die Ströme überall, am Altar unter der Christusfigur, am Taufstein beim Berühren des Randes, vorn am Laienaltar vor der Stufe und im Heiligen Grab.

Rekonstruktionsversuch der ehemaligen Farbigkeit von Johannes und Seraph in der Apsis nach Süden.

Zum Vergleich dazu die schlecht erhaltene Darstellung des Schutzheiligen unserer Kirche Thomas Becket von Canterbury am Chorbogen zur Apsis nach Norden.

Konzert mit dem „Schäfer-Ensemble" im Jahre 2008

Hochzeit Meussling / Queißer 2010

Konzert mit dem
„Top Ensemble
Leipzig" 2008

Konzert mit der
Mitteldeutschen
Kammerphilhar-
monie Schönebeck
2006

157

Grundriß 0 5 10 m

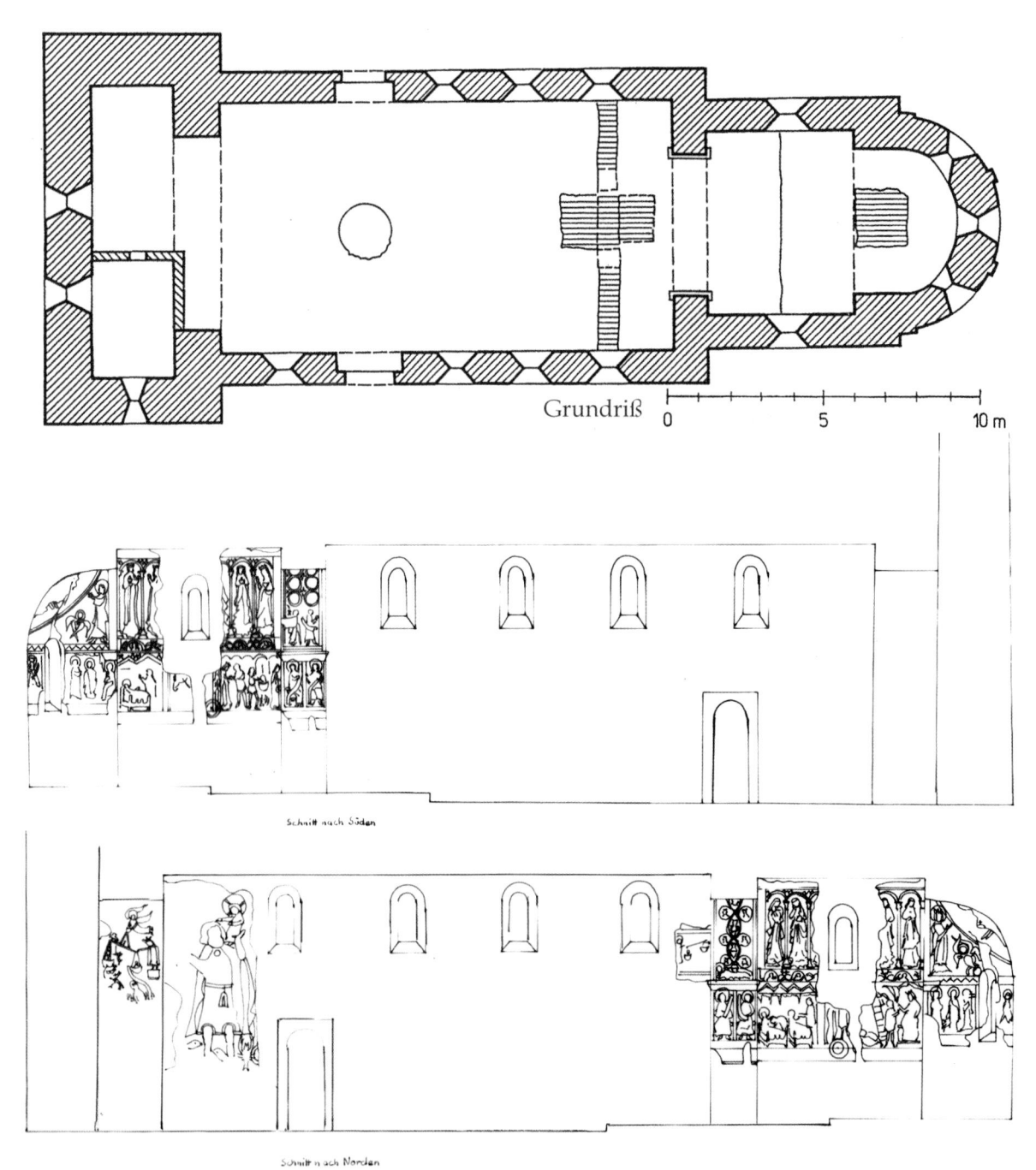

Schnitt nach Süden

Schnitt nach Norden

Grund- und Aufriss der St. Thomas Kirche

6. KAPITEL

Danke

Unser Dank gilt vor allem Gott, der uns in all den Jahren vor Unfall und Gefahren schlimmerer Art bewahrt hat.
Nur sein Lob war unser innigster Antrieb.
Danken wollen wir all den vielen Helfern, aus Pretzien - jung und alt, Männer und Frauen, den Jugendlichen vom Magdeburger Dom, den Vielen, die aus Bungalows und der Umgebung kamen, als sie von den Bauarbeiten hörten.
Der Dank gilt aber auch unseren drei Kindern, die auf Vieles verzichten mussten in den Jahren der Bauerei, aber sich später selber mit einbrachten und uns seither immer wieder zur Seite stehen mit ihren verschiedenen Gaben.
Dank auch an die vielen Musiker, die oft für geringen Lohn bei uns musizieren, weil es in dieser Kirche soviel Freude macht.
Das Allerschönste ist, dass sich immer wieder Christen zusammen finden, um Gottesdienste in dieser schönen Kirche zu feiern.
Bei allen Musiken ist sie immer reichlich gefüllt.
Es gibt viele Taufen und Hochzeiten, jetzt für den Nachfolger im Amt, mit dem wir uns gut verstehen.
Dieses Buch war für uns ganz persönlich nötig, um das Erlebte aufzuschreiben. Dabei mussten Freuden, aber auch Enttäuschungen benannt werden.
Vieles für dieses Buch gaben unsere gefüllten Kalender her. Manches ist auch aus dem Gedächtnis geschrieben. Wir hoffen, es haben sich keine zu großen Fehler eingeschlichen.

Anna-Maria und Rüdiger Meussling
Plötzky im Jahre des Herrn 2010

ANNA-MARIA MEUSSLING

Anna-Maria Meussling, geb. Steiger

29.05.1942 in Gebesee bei Erfurt als Pfarrerstochter geboren, 3 Brüder, 1960 Abitur in Gotha, dreijährige Lehre als Restauratorin für Skulpturen und Altäre in den Kirchlichen Werkstätten in Erfurt.

1963 - Ehe mit dem Pfarrer Rüdiger Meussling Umzug nach Baben bei Stendal ins Pfarrhaus, Geburt von zwei Töchtern und einem Sohn.

1967 - Einrichtung einer Restaurierungswerkstatt und freischaffende Arbeit in vielen Kirchen und an Altären.

1973 - Umzug der Familie nach Plötzky bei Schönebeck.

1973-77 - Auffinden, Freilegen und Sichern der romanischen Malereien, insgesamt 94 m², in der St. Thomas-Kirche Pretzien mit anderen Restauratoren.

1980 - Aufnahme in den Verband Bildender Künstler.

1990 - Gemeinderats- und Kreistagsmitglied für die CDU.

1993 - Verleihung des Bundesverdienstkreuzes durch Bundespräsidenten Richard von Weizsäcker in Bonn.

1996 - Goldmedaille „Straße der Romanik"

Als Freischaffende Restauratorin Konservierung unzähliger Altäre, Gemälde, Skulpturen u. s. w., sowie Innenrestaurierungen von Kirchen, Beauftragte für Kunstgut im Kirchenkreis Elbe-Fläming seit 1992.

5 Ausstellungen seit 2002 „Von der Kunst, Kunst zu erhalten" in Barby, Schloß Leitzkau, Magdeburg, Kloster Isenhagen bei Hannover und Museum Schönebeck.

Anna-Maria Meussling, Bild rechts mit Ihrem Ehemann Rüdiger.

RÜDIGER MEUSSLING

Rüdiger Gottlieb Meussling

03.01.1939 - in Berlinchen/Neumark geboren, aufgewachsen mit drei Geschwistern in Arendsee/Altmark im Haus des Buchhändlers und Buchbindermeister Gottlieb Klipp.

Lehre als Buchbinder in Arendsee.

Mitglied in der Arendseer Jungen Gemeinde, dort angeregt zum Theologiestudium durch Missionsinspektor J. Althausen.

Aufnahme einer Ausbildung als Prediger in Wittenberg und Erfurt mit sehr guten Lehrern.

1963 - Heirat mit Anna-Maria Steiger in Gebesee, Einzug ins 1. Pfarramt nach Baben, vier Pfarr-Gemeinden.

1973 - Umzug nach Plötzky/Schönebeck mit zuerst drei Gemeinden, später kamen weitere hinzu.

Eigenarbeit an den jeweiligen Kirchen je nach Notwendigkeit.

Seit 2000 im Ruhestand, aber Bau der Marienkapelle Plötzky, Sammeln für 3 Glocken und neuer Gemälde u. s. w.

Immer noch sehr aktiv.

Seit 1974 - Organisation des „Pretziener Musiksommers" mit bisher 370 Musiken insgesamt.

1996 - Goldmedaille „Straße der Romanik"

2003 - Sonderpreis des Tourismusverbandes Sachsen-Anhalt

2010 - Verleihung des Bundesverdienstkreuzes durch Ministerpräsident Dr. W. Böhmer in Magdeburg.

Pfarrer i. R. Rüdiger Meussling. Bild links: Wie immer stark angagiert, hier beim 3. Sommerkonzert 2010.

FOTOS UND ABBILDUNGEN

© Bildarchiv Foto Marburg / Uwe Gaasch	14 Aufnahmen
Meussling, Anna-Maria / Plötzky	67 Aufnahmen
Meussling, Frithjof / Gnadau	16 Aufnahmen
Kiel, Wilfried / Magdeburg	5 Aufnahmen
Mund, Thomas / Magdeburg	5 Aufnahmen
Warnecke / Pömmelte	2 Aufnahmen
Preiss, W. / Dresden	2 Aufnahmen
Linßner, Thomas / Barby	4 Aufnahmen
Projahn, Wilhelm	1 Aufnahme
Scheid, Thomas / Pretzien	4 Aufnahmen

weitere Fotos wurden uns von Gästen zugesandt.

Alle Zeichnungen wurden von Anna-Maria Meussling ausgeführt.

September 2003 - Die einstrahlende Sonne durch eines der Turm-Okuli lässt Christus auf dem Altarkreuz leuchten.

Alle Rechte vorbehalten, ohne ausdrückliche Genehmigung der Herausgeber ist es nicht gestattet, dieses Buch oder Teile daraus auf fototechnischem oder elektronischem Weg zu vervielfältigen.